Hannelore Krollpfeiffer, 1924 in Berlin geboren, war über dreißig Jahre stellvertretende Chefredakteurin der Frauenzeitschrift Brigitte. Sie hat Romane und Jugendbücher veröffentlicht. Heute arbeitet sie als freie Journalistin und Autorin.

Von Hannelore Krollpfeiffer sind außerdem erschienen:

Alleinsein lernen (Band 7926)
Älter werden ist ganz anders (Band 82005)

Dieses Buch wurde auf chlor- und säurefreiem Papier gedruckt.

Originalausgabe Mai 1993
© 1993 Droemersche Verlagsanstalt Th. Knaur Nachf., München
Das Werk einschließlich aller seiner Teile ist urheberrechtlich
geschützt. Jede Verwertung außerhalb der engen Grenzen des
Urheberrechtsgesetzes ist ohne Zustimmung des Verlages unzulässig
und strafbar. Das gilt insbesondere für Vervielfältigungen,
Übersetzungen, Mikroverfilmungen und die Einspeicherung und
Verarbeitung in elektronischen Systemen.
Umschlaggestaltung Graupner & Partner, München
Umschlagfoto Don King/The Image Bank
Satz IBV Satz- und Datentechnik GmbH, Berlin
Druck und Bindung brodard & taupin
Printed in France   5 4 3 2 1
ISBN 3-426-84007-3

Hannelore Krollpfeiffer

DIE KUNST, ABSCHIED ZU NEHMEN VON MENSCHEN, ORTEN, DINGEN

*Gewidmet
meinem Mann und meinen Eltern*

Inhalt

Abschied nehmen...

... ist ein Thema mit Variationen 9
... von der Zeit als Junggesellin 17
... von Reisenden 27
... vom Beruf 37
... von einer Liebe 49
... von einer Wohnung 61
... von Lieblingstieren 73
... von den Ferien 85
... von den Twenties 97
... von einer Stadt 111
... von toten Freunden 121
... vom Sommer 133
... von den langen Haaren 143
... von den Kindern 155
... vom Leben 167
... von Illusionen 179
... von der Schule 193
... vom Auto 205
... mit vielen schönen Worten 215

Du fühlst dich mit jemandem verbunden: solange die Dinge zwischen euch fließen, teilt ihr einander. Und wenn ihr seht, daß der Augenblick des Abschieds da ist, daß sich eure Wege an dieser Kreuzung trennen, sagt ihr einander Lebewohl, das Herz voller Dankbarkeit für alles, was ihr einander bedeutet habt, für all die Freuden und die Genüsse und all die schönen Augenblicke, die ihr miteinander geteilt habt – ohne Leid, ohne Schmerz. Ihr geht einfach auseinander.

OSHO

Abschied nehmen...

...ist ein Thema
mit Variationen

Nimm Abschied«, pflegte meine Mutter (Jahrgang 1895) im Kriegswinter 1944 zu mir zu sagen, wenn sie das letzte Stückchen Zuteilungsbutter auf den Tisch stellte. Damit meinte sie: Iß mit Genuß und Verstand. Stopf dein Brot nicht einfach so in dich hinein, laß es dir richtig schmecken, und sei dir darüber klar, daß du auf die nächste Butter eine Weile warten mußt.

Meine Mutter war eine lebenskluge Frau. Wahrscheinlich habe ich von ihr gelernt, daß man nicht nur wehmütig, sondern, in gewissen Fällen, auch genießerisch Abschied nehmen kann. Etwas Angenehmes geht zu Ende, kosten wir's noch mal aus! Wenn der Abschied vollzogen ist, werden wir noch Zeit genug haben, darüber den Kopf hängen zu lassen. Zunächst aber wollen wir uns an dem freuen, was *ist*.

Der Butter-Abschied war natürlich eine vergleichsweise leichte Übung. Aber hier geht es um das Prinzip. Man soll sich Abschiede nicht schwerer machen, als sie meist ohnehin schon sind. »Mit leichtem Herzen und leichten Händen halten und nehmen, halten und lassen«, singt die nicht minder lebenskluge Marschallin im »Rosenkavalier« und fügt warnend hinzu: »Die nicht so sind, die straft das Leben...« (Gorbatschow hatte eine Wienerische Vordenkerin.) Nun ja, in der Theorie wissen wir das alles, nur in der Praxis hapert es später – auch die gescheite Wiener Marschallin hatte da so ihre Probleme, was Wunder. Fast jeder Abschied geht ans Herz. Möglicherweise gilt das sogar für die Gesetze, die vom Bundestag verabschiedet werden. Hier setze ich mal voraus, daß um wenigstens einige von ihnen heftig und mit Engagement diskutiert und gerungen worden ist: hier ein Kompromiß, da ein Kompromiß, nun ist es soweit, es gibt kein Halten mehr, kein Aufpolieren, Ummodeln, Verschlimmbessern, weg mit den Gesetzen, schicken wir sie auf den Weg, verabschieden wir sie! Genugtuung auf der einen, Resignation auf der anderen Seite. Der Fall ist erledigt. Ein Abschied der dritten Art, gewiß, aber immerhin auch einer. Und irgend jemand von der Opposition wird unter Garantie der Meinung sein, daß die Zeit für diese Verabschiedung noch nicht reif war.

Wenn Militärs und Minister ihren Abschied nehmen oder nehmen müssen (verabschiedet werden), geht das nicht ohne Feiern, wobei die Abschiedsfeiern oftmals eher Abschießfeierlichkeiten sind. Ich erinnere mich auch gut an historische Romane, in denen ein Offizier aus diesen oder jenen Gründen (nicht standesgemäße Heirat!) seinen Abschied vom Regiment nehmen mußte, was meistens gleichbedeutend mit spürbarem Verlust von Ansehen und Würde war. Harte Männer, harte Abschiede, von Tragik umdüstert.

Das geht nicht nur ans Herz, das geht manchmal sogar ans Leben! (In den erwähnten Romanen kam es oft genug vor, daß so ein Verabschiedeter sein verpfuschtes Leben durch einen Pistolenschuß beendete.)

Das Leben bedenkt uns zum Glück nicht nur mit solchen und ähnlichen spektakulären Abschieden. Aber auch die weniger dramatischen haben es oft in sich, und an ihnen ist kein Mangel. Wenn man darüber nachdenkt, kommt man zu dem Schluß, daß unser Leben (und ich meine hier ganz gewöhnliche, normale, sozusagen hausgemachte Leben) nur aus Abschied besteht, aus lauter kleineren und größeren Abschieden, manche sind listig getarnt, larviert,

da geht etwas zu Ende, und wir kriegen es erst später mit, was, das war ja ein Abschied, halt, das muß einem doch gesagt werden!
Aber manches wird einem eben nicht gesagt, das bekommt man nur irgendwann zu spüren. Halten und nehmen, halten und lassen. Und das Lassen ist der Abschied. Klingt einfach, kann aber höllisch schwierig sein, besonders weil wir alle mehr oder weniger dazu neigen, zu klammern. Was wir haben, wollen wir behalten, so sind wir nun mal. Aber genau das geht nicht. Da es auch im ganz gewöhnlichen, normalen, hausgemachten Leben keinen Stillstand gibt, da unser Weg, ob wir das nun wahrnehmen oder nicht, pausenlos weiterführt, müssen wir uns auch ständig von irgend etwas, von irgend jemandem, verabschieden. Wir sind einfach gezwungen, loszulassen: Orte, Befindlichkeiten, Tiere, Dinge, Menschen. Stellungswechsel. Umzug in eine andere Stadt. Das Kind verläßt das Haus – dieser Abschied ist ganz gewiß irgendwann fällig. Urlaubsende (ja, auch *das* ist ein Abschied!). Abschied vom Sommer. Abschied von unseren schönen langen Haaren. Eine Freundin geht nach Amerika. Wir müssen uns von unserem alten Kater trennen. Abschied über Abschied. Sagenhaft, von was allem man sich verabschieden muß! Von unserer Kindheit, von unserer Jugend. Der Wechsel von einem Lebensalter ins andere vollzieht sich fast unmerklich, von einigen Markierungen abgesehen: Schulbeginn, Schulende, Mündigkeit, Pensionierung. Lauter Abschiede, lauter Anfänge! Und das macht uns zuweilen angst. Angst davor, das Altvertraute oder etwas, womit wir uns immerhin irgendwie arrangiert haben, zu verlieren und unbekanntes Neuland betreten zu müssen. So zögern wir manchen eigentlich längst fälligen Abschied immer wieder hinaus. Was uns letztendlich natürlich überhaupt nichts nützt.

Wir bewegen uns von einem Abschied zum anderen. Da sind die kleinen und die großen Abschiede, die mit Tamtam und viel Wirbel, die mit einer zerdrückten heimlichen Träne, die mit schiefem, aber einigermaßen forschem Lächeln. »Sag beim Abschied leise Servus«, empfahl in meiner Jugend ein Hit der Schlagerbranche, und Operettentenöre knödelten: »Reich mir zum Abschied noch einmal die Hände…« Apropos musikalischer Abschied: nicht nur die U-, auch die E-Musik hat zum Thema eine Menge zu bieten. Schuberts »Winterreise«: ein Abschiednehmen vom ersten bis zum letzten Lied. Wotans Abschied vollzieht sich bei Wagner gleich mit einem ganzen Feuerzauber. In Haydns Abschiedssinfonie verläßt ein Musiker nach dem anderen während des Spiels das Podium. Und Chopins Abschiedswalzer! Und die Volkslieder! (»Morgen muß ich fort von hier und muß Abschied nehmen…«) In »La Bohème« verabschiedet sich der Philosoph Collins mit einer wehmütigen Arie sogar von seinem Mantel, den er ins Leihhaus bringen muß. Ja, Abschiednehmen gibt viel her. Die großen Film-Abschiede. Vor allem natürlich die Bergman und Humphrey Bogart. Scarlett und Rhett, mein Gott, warum läuft er ihr bloß davon! Und auch das Puschen-Kino hat seine Abschiedstragödien. Dallas! Bei allem, was wir J. R. an den Hals gewünscht haben: Diesen Abschied hat er nun doch nicht verdient (und wir Dallas-Fans auch nicht. Oder wohl eigentlich doch.)

Abschiede, die andere betreffen, im Kino, im Fernsehen, auf der Bühne, im Roman, lassen sich mühelos genießen. Mit Wehmut, aber genießen. Manchmal denke ich neidisch dabei: Warum kann so was, wenn es denn schon sein muß, bei uns nicht genauso würdevoll vor sich gehen? Vom allerletzten Abschied auf Erden gar nicht zu reden. Das heißt, in diesem Buch werde ich davon reden, und ob.

Manche Abschiede feiern sogar alle gemeinsam. An jedem 31. Dezember verabschieden wir uns mit mehr oder weniger Brimborium von einem alten Jahr und tun zumindest so, als seien wir auf die Veränderungen des kommenden neuen richtig gespannt. Sind wir aber meistens gar nicht, weil äußerlich doch alles beim alten bleibt, zu bleiben scheint. Na ja, vielleicht sind neue Steuern vorgesehen, oder wir bewegen uns auf den sogenannten Ruhestand zu. Aber das Fatale beim allfälligen Jahreswechsel ist, daß wir nichts Genaues wissen. Was bleibt, was wird tatsächlich anders? Haben wir wirklich etwas Neues zu begrüßen, oder geht der gewohnte Schlendrian weiter? Egal, der »Altjahrsabend« wird gefeiert, ist für die einen Anlaß zu alkoholischen Exzessen, für die anderen zu sentimentalen Betrachtungen, für manche Grund zum wirklich vergnügten Feiern. Wir verabschieden uns, jeder auf seine Weise, von zwölf gelebten Monaten. Und in durchaus absehbarer (und für Junge, Jüngere und noch nicht ganze Alte erlebbarer) Zeit verabschieden wir uns von einem ganzen Jahrtausend. Wenn das kein Abschied von der Super-Extra-Sorte ist! Ein neues Zeitalter steht uns bevor. Einiges steht uns bevor, so ist zu befürchten. Wenn wir nicht aufpassen, kann es passieren, daß sich diese ganze Welt mit einem – nein, nicht Ur-, aber doch Knall verabschiedet. Ich weiß nicht, ob wir Grund zum Pessimismus haben, Grund zur Wachsamkeit auf jeden Fall.

Jeder Abschied ist anders, und auch die kleinen, alltäglichen, unspektakulären haben ihre Bedeutung. Alle signalisieren ein Ende und einen Anfang, also eine Veränderung, über kurz oder lang, und auch dann, wenn uns das zunächst kaum bewußt ist. Auch das neue Jahr, das hinter dem soeben abgefeierten alten steht, wird uns zumindest *eine* Veränderung bringen: Wir werden älter...

Für die Kunst, Abschied zu nehmen, gibt es keine allgemein gültige Gebrauchsanweisung. Doch wer es schafft, rechtzeitig loszulassen, hat schon den ersten Schritt in Richtung Meisterschaft getan.

Abschied nehmen...

...von der Zeit
als Junggesellin

Es ist ja nur eine Formsache.
Zwei heiraten, die schon seit Jahren mehr oder weniger zusammenleben. So knackig jung sind sie also nicht mehr. Der Gang zum Standesamt wird nichts an ihrer Beziehung zueinander ändern, wohl aber an ihren Steuerkarten und allem, was damit zusammenhängt. Auch Erbschaftsfragen – beide haben Familie – sind leichter zu regeln, wenn man verheiratet ist. Beschlossen ist, daß sie ihre Wohnung – ein kleines Apartment, das sie kaum noch benutzt – aufgeben wird, die Miete ist schon wieder gestiegen, von den Nebenkosten ganz zu schweigen, das gesparte Geld läßt sich besser verwenden. Schließlich hat sie ja doch fast nur bei ihm gewohnt.
Reine Formsache.
Die Beteiligten können das natürlich so nennen, wie es ihnen beliebt. Sie können sich so lange, bis sie es selbst glauben, einreden, ihre Heirat sei wirklich nur eine Formsache. Im Grunde bliebe alles, wie es ist. Aber das sind verräterische Formulierungen. »Im Grunde«. Ihre eigene Wohnung, die sie »kaum« benutzte, weil sie ja »fast« ausschließlich bei ihm wohnt... Es ändert sich doch etwas. Und wenn sie ehrlich ist, wird sie zugeben, daß, obwohl angeblich »alles so bleibt wie bisher«, der Gang zum Standesamt ein Schritt in ein ganz respektables Stück Ungewißheit ist.
Ihre Junggesellinnenzeit ist beendet. Auch wenn sie nicht unbedingt wie eine Junggesellin, wie eine Single-Frau, gelebt hat: formell war sie nicht gebunden. Wäre es in ihrer Beziehung einmal hart auf hart gekommen, hätte sie ihren

Koffer packen und davonrauschen können, wenn es sein müßte, auf Nimmerwiedersehen. Davonrauschen kann sie zwar auch als Ehefrau, aber da wird die Sache schon problematischer. Nicht, daß diese Gefahr bestünde, Gott behüte, nein. Nur: ohne jede Frage hat sie mit dem Gang zum Standesamt ein Stück Freiheit aufgegeben. Bewußt, gewollt, bejaht – gewiß! Doch sie hat sich von einem wichtigen Zeitabschnitt ihres Lebens verabschiedet. Alles scheint, wie es war, aber es scheint nur so. Für ihren Partner gilt das natürlich auch, er weiß es so gut wie sie. Deshalb feiert er einen Tag vor dem Polterabend (auf dem Polterabend hat der gemeinsame Freundeskreis bestanden) auch den Abschied von seiner Junggesellenzeit, viele Freunde und Kollegen werden dabeisein, ein ausschließlich männlicher Zirkel, Junggesellen und Ehemänner. Willkommen im Club, na, du wirst ja wissen, was du tust, aber du wirst schon noch dahinterkommen, daß die Ehe doch was anderes ist als euer eheähnliches Verhältnis bisher (großes allgemeines Gelächter).

Seltsam. Der Abschied vom Junggesellendasein wird, soviel mir bekannt ist, hauptsächlich unter Männern gefeiert. Frauenpartys aus diesem Anlaß sind jedenfalls weniger populär und sicher nicht so häufig. Es heißt ja auch, daß manche der abschiednehmenden Junggesellen vorm Schritt in die Ehe noch einmal kräftig »einen draufmachen«. Ich weiß nicht, wie weit es heutzutage noch unvorstellbar ist, daß eine Junggesellin auf die gleiche Art Abschied feiert. Jedenfalls sollte sie es tun, wenn es ihr Spaß macht. Aber wie auch immer: gerade die Frauen haben allen Grund, sich sehr bewußt von ihrem Junggesellinnendasein zu verabschieden. Wenn sich nämlich etwas durch die »reine Formsache« auf dem Standesamt verändert, dann in erster Linie für sie. Wenn sie es vorläufig noch nicht glaubt: im Laufe der Zeit wird sie es zu spüren bekommen.

Verlassen wir uns darauf – es wird vieles anders werden, wenn das Kapitel Junggesellin abgeschlossen ist. Auch wenn wir den fortschrittlichsten aller Männer geheiratet haben. Es muß uns in der Ehe durchaus nicht schlechter gehen, wir müssen weder untergebuttert noch ausgebeutet oder bevormundet werden (das lassen sich zum Glück immer weniger Frauen gefallen). Aber die Tatsache, daß wir von nun an ständig zusammenleben (zusammenleben *müssen* klingt zu hart), schafft eine neue Atmosphäre.

Mit der Heirat gebe ich etwas Altes, Liebgewordenes, Vertrautes auf und stürze mich in etwas Neues. Genau das ist es.

Wie bewußt bin ich mir dessen eigentlich? Morgen werde ich sagen: Bis gestern war ich Junggesellin (was für ein altmodisches, aber hübsches Wort). Ich hatte mein Reich für mich. Hatte es auch in den zweigeteilten, noch nicht ganz eigenen vier Wänden, die ich zeitweise mit meinem Damals-noch-nicht-Ehepartner teilte. Manchmal zog ich mich zurück und wünschte keine Störung und war nicht ansprechbar, manchmal ging ich aus dem Haus, einfach so, ohne mitzuteilen, wohin und zu wem; wenn ich spät oder gar nicht zurückkam, rief ich allerdings an, das gehörte sich so, damit der andere sich keine Sorgen machte. Alles war ganz einfach. Oder ich hatte Lust, eben doch mal ein paar Tage in den auf meinen Namen gemieteten, mir also rechtmäßig zustehenden vier Wänden zu verbringen und von der Partnerschaft zu verschnaufen. Die Chance hatte *er* in dieser Zeit auch. Ging es uns nicht immer besonders gut, wenn wir danach wieder zusammen waren?

Aber das, werden die anderen sagen, könnt ihr doch auch noch haben, wenn ihr verheiratet seid. Ihr gebt euer Junggesellendasein auf, gewiß, aber doch nicht die Freiheit, hin und wieder Ferien voneinander zu machen, wenn ihr das für nötig haltet.

Stimmt schon, aber dann ist es trotzdem etwas anderes. In unseren Augen ebenso wie in denen unserer Freunde, von der Familie ganz zu schweigen. Junggesellin und Junggeselle, miteinander verbandelt, aber eben nicht ehelich, machen getrennt Ferien, und kein Mensch wundert sich darüber. Ehefrau und Ehemann, die nicht gemeinsam verreisen, erregen auch heute noch (oder heute schon wieder?) ein gewisses Aufsehen. Wieso fahren sie nicht zu zweit? Wieso er ins Gebirge und sie ans Meer? Was ist da los? Hat *sie* einen anderen? Hat *er* eine Freundin?

Nein, machen wir uns nichts vor: der Abschied von der Junggesellinnenzeit ist ein Abschied der vertrackten, sozusagen schleichenden Sorte. Eine Frau hat sich für ein anderes Leben entschieden, und also ist es in Ordnung, aber sie muß sich darüber klar sein, daß von »reiner Formsache« nicht die Rede sein kann. Was immer sie von nun an tut, es wird von der Außenwelt durch zwei geteilt, und nicht nur von der Außenwelt. Nicht nur sie sieht diese Frau verändert, die Frau spürt diese Veränderung selbst, und das ist wichtiger.

Seitdem Heiraten wieder stark in Mode gekommen ist – Heiraten mit allen Schikanen, ganz in Weiß, große Fete –, verkürzt sich das Junggesellinnendasein für viele, manche kommt gar nicht so richtig dazu, es auszukosten, der Sprung von der Schulbank ins Studium, in die Lehre, in den Beruf und in die Ehe ist fast ein Katzensprung. Manche junge Frau wohnt noch bei den Eltern, trotz Studium, Ausbildung und/oder Beruf, ist noch gar nicht zu etwas Eigenem gekommen – und schon hat sie es eilig, den sogenannten Bund fürs Leben zu schließen. Was eine Junggesellin ist, weiß sie überhaupt noch nicht, nicht aus eigener Erfahrung jedenfalls. Und doch ist sie eine Junggesellin! Aber leider eine, die ihre Chancen nicht oder zuwenig genutzt hat, die Chancen, sich ein Leben nach eigenem Augenmaß (um dieses vielstrapazierte Wort mal anzubringen!) zu zimmern.

Abschied vom Junggesellinnenleben bedeutet für sie eher, daß sie nun *endlich* ihre eigene Wohnung hat, in der sie kommen und gehen kann, ohne irgend jemanden fragen zu müssen, mal abgesehen vom Ehemann. Natürlich ist sie aus dem Alter heraus, wo die Eltern, unter deren Tisch sie immer noch ihre Füße gestreckt hat, mit Kommandoton regieren: Komm nicht zu spät zum Essen, wann bist du zu Hause, deine neuen Freunde gefallen mir nicht... Nein, das war vorbei, jedenfalls vordergründig. Unterschwellig gab es das allerdings noch, wenn auch behutsam verpackt in sanfte Vorwürfe, die manchmal eher scherzhaft gemeint schienen: »Du bist aber spät nach Hause gekommen, ich dachte, es wären Einbrecher...« Oder: »Ist diese Freundin von dir ein bißchen gaga? Aber sicher eine nette Person...« Nun aber kontrolliert sie niemand mehr, die Freundin; gaga oder nicht, ist ihre und nur ihre Angelegenheit (und – ein bißchen – auch die Angelegenheit ihres Ehemannes).

Von einem nicht bewußt gelebten Junggesellinnendasein kann eine Frau sich schlecht verabschieden. Sie kennt es ja gar nicht, höchstens aus den Erfahrungen, die andere machten, Freundinnen, Kolleginnen, Verwandte. Ja, da hörte sich manches schon toll an. Aber wir können nicht alles haben, dieses Stadium habe ich halt übersprungen, sagt sie sich. Doch das Verrückte ist: es kann sehr leicht viel später einmal der Moment kommen, wo die frisch-fröhlichen Überspringerinnen ein Defizit empfinden. Wann hab' ich das mal erlebt, wirklich für mich allein zu sein, mein Reich für mich zu haben, niemandem Rechenschaft abgeben zu müssen über das, was ich tue oder nicht tue? Wieso habe ich eigentlich niemals wirklich Zeit für mich gehabt? Und dann gibt es auf einmal im näheren und weiteren Freundes-, Bekannten-, Kolleginnenkreis diese Junggesellinnen, die eben diesen Zustand sehr selbst-bewußt leben und ausleben und genießen. Den Zustand, den die Überspringerinnen ausgelassen haben. Hin und wieder gibt dann eine dieser Junggesellinnen ihr Sololeben auf und heiratet, aus welchen Gründen auch immer. Wenn sie klug ist, macht sie sich bewußt, daß sie etwas aufgibt, sich von etwas verabschiedet. Wenn sie klug ist, weiß sie, daß sie auf etwas Neues, ebenso Reizvolles wie Risikoreiches zusteuert – auch wenn natürlich (?) keiner in dieser Partnerschaft dem anderen eine Scheidung erschweren würde, falls es jemals so weit kommen sollte.

Aber alles läßt sich ja nicht einkalkulieren. Und mal angenommen, sie kriegt ein Baby – Kinder sind ja wieder sehr in –, ist die Situation schon eine andere. Außerdem verändern sich Menschen im Laufe ihres Lebens. Vereinbarungen und Schwüre von gestern sind auf einmal nur noch von gestern. Reine Formsache, so eine Ehe nach langer Junggesellinnenzeit zu zweit? Von wegen!

Wem das alles zu sehr nach einem Loblied auf den Junggesellinnenstand klingt: es *ist* eines! Aber das heißt nicht, daß wir diesen Stand nicht verändern sollten, wenn wir Lust dazu verspüren. Nur halte ich es für wichtig, diese Lebensphase auszuprobieren, zu genießen, zu erfahren! Irgendwann im Leben wird uns etwas fehlen, wenn wir sie einfach überspringen. Wir brauchen eine Zeit für uns selbst, in der wir Gelegenheit haben, uns kennenzulernen, unsere Ansprüche, unsere Wünsche, unsere Ecken und Kanten und unsere Macken! Versäumen wir diese Zeit, erschweren wir uns später das Zusammenleben mit einem anderen Menschen. Die Junggesellinnenzeit, bewußt gelebt, kommt nicht nur uns, sondern auch dem Partner zugute, mit dem wir uns (vielleicht) einmal zusammentun.

Immer wieder lesen wir kopfschüttelnd und mitleidig von Stars, deren Kindheit praktisch nicht stattfand, weil die Kleinen für ihre Karriere getrimmt wurden. Sportstars sind da am häufigsten betroffen, Eislaufweltmeisterinnen an der Spitze. Sie mußten eine Phase ihres Lebens – buchstäblich – überspringen, und das bekam ihnen nicht gut. Klar, so was leuchtet allen ein, und wir begreifen nicht, wie so etwas überhaupt geschehen kann. Jeder Mensch hat schließlich ein Recht auf seine Kindheit, auf seine naturgemäße Entwicklung! Wie wahr. Aber ich behaupte, daß diese Entwicklung viel weiter geht und daß eine Zeit, in der wir mit uns allein leben, unbedingt dazugehört. Ob wir nun das hübsche, altmodische Wort Junggesellin oder Single benutzen, ist Geschmackssache. Überspringen jedenfalls sollten wir die Zeit allein nicht. Wir sollten sie nutzen und genießen und, wenn es denn soweit ist, uns liebevoll von ihr verabschieden. Liebevoll und bewußt!

Abschied nehmen...

...von Reisenden

Petras Freund Tom weigerte sich, mit zum Flughafen zu kommen. Sich verabschieden, das könnte er nicht. Dabei war es doch nur eine Zwei-Wochen-Reise nach Lanzarote. Wirklich kein Grund für übertriebenen Abschiedsschmerz. Aber dann kam Petra zurück – Tom wartete mit einem Blumenstrauß am Flughafen –, und es stellte sich heraus, daß sie in diesen zwei Wochen ihre Beziehung zueinander in Ruhe überdacht hatte und zu dem Schluß gekommen war, daß es besser wäre, aus der Liebe eine Freundschaft werden zu lassen. Der Abschied am Flughafen, auf den Tom verzichtet hatte, weil ihn Abschiedsszenen grundsätzlich sentimental werden lassen, wäre also tatsächlich ein Abschied gewesen. Tom hatte das gewiß nicht geahnt, jedenfalls behauptete er das später. Oder vielleicht doch? Aber wahrscheinlicher ist, daß er mit seinem Vorbehalt gegen Abschiede an Bahnhöfen, Flughäfen etc. ganz einfach den richtigen Instinkt hat. Eine ihm angeborene Sensibilität. Harmlose Abschiede, sagt ihm sein Gefühl, gibt es nicht. Jedenfalls muß immer damit gerechnet werden, daß sich etwas verändert hat, wenn zwei Leute sich nach Ablauf einer gewissen Zeit wiedersehen.
Wahrscheinlich empfinden viele so wie Tom. Bloß reden tun die meisten nicht über solche Gefühle. Natürlich, es ist immer ein bißchen traurig, sich von einem netten oder gar geliebten Menschen zu verabschieden, sei es, weil ein Besuch beendet ist, weil eine längere Reise angetreten wird, weil nicht abzusehen ist, wann das nächste Wiedersehen stattfindet. Wenn wir Abschied von einem alten Menschen nehmen, ist da auch die geheime Angst, diese Begegnung

könnte die letzte gewesen sein. Doch selbst wenn wir das alles berücksichtigt haben, bleibt, so oder so, ein undefinierbares Gefühl von Leere, eine Traurigkeit darüber, daß etwas zu Ende gegangen ist.
Die schöne Zeit, die wir miteinander hatten, ist endgültig vorüber. Das nächste Mal wird es sicher auch schön mit uns, aber anders. In der Zeit, in der wir einander nicht sehen, wird sich auf beiden Seiten etwas verändern, soviel ist sicher. Es muß nicht so sein wie bei Petra und Tom, daß einer von uns die Abwesenheit des anderen dazu benutzt, in seinen Gefühlen Terrain zu sondieren oder, anders gesagt, daß er durch diese Abwesenheit plötzlich mehr Klarheit über seine Gefühle bekommt. Aber die Zeit, die vergeht, wird etwas mit uns tun, mit jedem von uns. Positiv oder negativ oder weder in der einen noch in der anderen Richtung meßbar. Aber wir werden uns verändern. Die Atmosphäre wird eine andere sein, wenn wir uns wiedersehen.
Das alles ist uns wahrscheinlich nicht bewußt, wenn wir am Bahnhof, am Auto oder am Flugschalter stehen und versuchen, die letzten Minuten möglichst heiter, möglichst ungezwungen, möglichst ungetrübt hinter uns zu bringen. Tschüs, mach's gut, paß auf dich auf, ruf an, schreib bald... Das Übliche. Wir, die wir gleich in unser Zugabteil gehen, ins Auto oder Flugzeug steigen, sind jetzt bereits mit der bevorstehenden Reise beschäftigt. Wenn wir in die Ferien fahren, haben wir den Alltag nun schon so gut wie hinter uns gelassen, das Notwendige ist geregelt, jemand wird die Blumen gießen, nach der Post gucken, die Katze versorgen. Das Bügeleisen und der Herd sind ausgeschaltet, Radio und Fernseher ebenfalls, es wird schon alles in Ordnung sein, wenn wir zurückkommen, jedenfalls machen wir uns in diesem Moment keine Sorgen um Einbruch, Wasserschäden und Feuersbrünste. Wir sind noch

nicht ganz abgereist, aber auch nicht mehr ganz da; an das Schicksal unserer am Ort verharrenden Familie oder der Freunde, die auf unser Hab und Gut in den nächsten drei Wochen ein Auge haben werden, verschwenden wir zehn Minuten vor der Abreise keinen Gedanken. Später setzt das alles wieder ein, vielleicht funktioniert die Verdrängung eine Weile, aber bestimmt nicht volle vier Wochen oder auch nur vierzehn Tage.

Aber erst mal geht es ums Abschiednehmen, und dabei ist es ein großer Unterschied, ob wir die Abreisenden oder Zurückbleibenden sind. Einerlei, wohin die Reise geht. Auch wenn wir nach ein paar Wochen bei Freunden oder der Familie wieder nach Hause fahren: uns erwartet Neues, sogar im Altgewohnten. Wir werden unsere Wohnung nach längerer Abwesenheit wiederentdecken, uns einleben müssen. Hund und Katze müssen versöhnt werden, vor allem die Katze hat unser Nichtvorhandensein übelgenommen. Das gilt auch für einige Blattpflanzen, die trotz bemühter Fremdpflege Anzeichen für Suizidversuche zeigen. Und die Post! Irgend etwas beinahe Sensationelles ist fast immer dabei. Leute sind geboren, Leute sind gestorben. Was so alles passiert ist in der kurzen Zeit, die wir weg waren, kaum zu glauben!

Wer am Bahnsteig oder am Flughafen zurückbleibt, wer zu denen gehört, die dem langsam entschwindenden Auto (Tempo dreißig in der Wohnzone) nachwinken, hat ein Stück Niemandsland vor sich. Wir begeben uns nach Hause und finden überall Spuren derer, die dieses Haus vor kurzer Zeit verlassen haben. Es duftet noch nach fremdem Parfüm oder Rasierwasser. Wir müssen das Gästezimmer wieder neutralisieren oder, wenn wir ein solches nicht besitzen, die Couch aus einem Besucherbett wieder in eine Couch verwandeln, Tischchen, Sessel und Leselampen an ihren ursprünglichen Platz zurückstellen, vom Besuch Vergessenes einsammeln zwecks baldigem Nachsenden. Wenn wir das alles getan haben, kommt uns unsere Wohnung merkwürdig fremd vor. Sie ist nicht mehr, was sie vier Wochen oder vierzehn Tage lang war, und sie ist noch nicht wieder ganz unsere eigene Höhle, unser Nest, es ist nicht nur das fremde Parfüm oder Rasierwasser oder der Geruch nach Zigaretten und Tabak – das alles sind ja nur schwache Zeichen dafür, daß jemand hier war, der nun nicht mehr hier ist. Dieser Jemand hat dieses Haus gefüllt, und etwas von ihm ist noch spürbar, gleich werden wir seine Stimme aus dem Bad hören, das heißt, er wird pfeifen, wie er das immer im Bad tut. Oder wenn der Gast eine Gästin war, wird die Frage kommen: »Darf ich deinen Nagellack benutzen?« Gleich wird das Radio angedreht, ein Sender gesucht, den *wir* nie hören, gleich wird in der Küche Wasser in den Kessel gefüllt, um diese Zeit mußte unser Besuch immer seinen Tee haben...

Wir werden ein bißchen Zeit brauchen, bis es vorbei ist. Bis wir wieder total in Besitz genommen haben, was wir eine Zeitlang mit jemandem teilten, mit jemandem, den wir mögen und lieben und der uns nun erst einmal fehlen wird, ganz gewiß. Seltsam, was ein Abschied dieser doch eher harmlosen Art (aber man weiß ja nie...) alles nach sich zieht. Wie lange es dauert, bis der Normalzustand wieder eintritt. Auch dann, wenn es uns nicht gerade das Herz bricht, daß die liebe Freundin, der Bruder, die nette Verwandte, die heißgeliebte, aber manchmal etwas nervige Mutter uns verläßt. Es ist schon so, jeder Abschied schmeckt nach, sogar wenn wir während des Besuchs hin und wieder gedacht haben: Allein wär's jetzt auch ganz schön. Es heißt, der Mensch sei ein Gewohn-

heitstier, und an den Logiergast, sofern er nicht wirklich penetrant und unbequem ist, können wir uns sehr schnell gewöhnen.
Die veränderte Wohnung, die wir nach dem Abschied wieder auf unsere Weise einleben müssen, ist das eine. Aber wir verabschieden ja nicht nur liebe Leute, die eine Weile bei uns gewohnt haben. Und wir bringen nicht nur Töchter, Söhne, Eltern, Freunde für eine Ferienreise zum Bahnhof. Da sind die zunächst einmal endgültigen Abschiede. Jemand, der uns nahesteht, zieht in eine andere Stadt. In ein anderes Land. Die beste Freundin hat einen Job in New York bekommen, wunderbar für sie, aber wir bleiben tränenden Auges zurück. Der Sohn, über dessen nach mehreren Anläufen nun endlich bestandenes Abitur sich die ganze Familie gefreut hat, ist dem elterlichen Rat gefolgt: Er wird studieren, und zwar an einem College in Kalifornien, das der stolze Vater mit größter Sorgfalt ausgesucht hat. Vater und Mutter finden das ganz wunderbar bis zu dem Tag, wo der Junge abreist. Wo die Familie am Flugschalter zusammensteht und jeder jedem versichert, daß man sich spätestens zu Weihnachten wiedersehen wird (aber jetzt ist erst September). Ist ja kein Abschied für ewig, beteuern sie sich gegenseitig, aber vor allem der Vater hat Mühe, die Fassung zu wahren. (Mütter sind viel weniger sentimental, als ihnen nachgesagt wird.)
Abschiede dieser Art ziehen sich über Monate hin, bahnen sich an, zeichnen sich ab. Überschatten (weniger negativ: beeinflussen) Entscheidungen, Pläne. Nein, diese oder jene Reise verschieben wir lieber, bis der Junge in Amerika ist. Oder auch: Laß uns das machen, solange der Junge noch hier ist. Alles bereitet sich auf den Abschied vor. Bloß sagen wir das nicht so: Abschied. Wir sagen: die Amerikareise. Oder: sein Studium in Kalifornien. Aber wie immer

wir es auch nennen, wir wissen, daß es ein Abschied sein wird, ja daß es bereits ein Abschied *ist,* daß das Loslassen längst begonnen hat, die Szene am Abflugschalter setzt nur den Schlußpunkt. (Es ist ja nicht für ewig.)

Es ist ja nicht für ewig, das sagt auch die Freundin mit dem Job in New York, und dabei strahlt sie, denn auf diesen Job ist sie schon lange scharf, und nun hat es endlich geklappt, eine Wohnung hat ihr der Verlag, bei dem sie arbeitet, dort auch schon besorgt, also alles ist bestens. Natürlich, so meint sie, nimmt sie mit einem weinenden und einem lachenden Auge Abschied von den alten Freunden hier, und überhaupt... Aber es ist ihr anzusehen, daß das lachende Auge das weinende überstrahlt. Und was bleibt uns da anderes, als ihr Glück zu wünschen und in ihrem Interesse zu hoffen, daß es – wenn auch nicht für ewig – so doch für möglichst lange sein wird?

Ein halbes Jahr bin ich ja noch hier, sagt sie, und das klingt so, als sei es eine kaum vorstellbar lange Zeit. Aber der Countdown hat begonnen, der Abschied, und zwar schon mit dem Moment, in dem sie sagte: Stell dir vor, es hat geklappt, ich krieg' den Job in N. Y.! Seit diesem Moment freuen wir uns für sie und trauern für uns. All unsere wunderbaren Gemeinsamkeiten! Theater, Konzerte, Kino und Vernissagen und gemütliche Pläusche oder auch scharfe Diskussionen. Endlose Telefongespräche, einander das Herz ausschütten, wenn einem danach war. Können wir natürlich auch, wenn sie in New York lebt, nur wird's dann teurer und umständlicher und weniger spontan.

Jedenfalls geht das uns noch verbleibende halbe Jahr herum wie nichts. O Gott, wo bleibt die Zeit nur? Und sie ist natürlich angefüllt mit Reisevorbereitungen und dem Behördenkram, der einer solchen Sache vorausgeht, die Zeit verstreicht nicht nur verwirrend schnell, sie ist auch

noch knapp, wird immer knapper: Du, das Kino schaff' ich heute nicht mehr... Ach, tut mir leid, aber für morgen abend muß ich absagen... Ich fürchte, wir müssen unser Essen verschieben. Wie gesagt: Der Countdown läuft.
Wenn es dann soweit ist, wenn wir wieder mal in der Abflughalle warten, haben wir eigentlich schon das Schlimmste überstanden. Und jetzt sind wir alle ziemlich heiter, eine große Schar Freunde hat sich versammelt, Kollegen, Kolleginnen, jemand hat Champagner mitgebracht, wir sind etwas zu lustig, leicht hektisch, Sprüche werden geklopft, Ratschläge erteilt, jeder will noch schnell eine Pointe loswerden – zum Abschied. Auch ihre Mutter ist hier, eine patente ältere Frau, die nun aber doch ein paar Tränen zerdrückt, jemand versorgt sie mit einem Glas Champagner und sagt tröstend: Es ist doch nicht für ewig!
Es ist doch nicht für ewig. Die Zauberformel, mit der wir uns Abschiede an Bahnhöfen, Flughäfen und startenden Autos erträglicher machen. Meist tut sie ihre Wirkung wie eine Kopfschmerztablette. Aber um die Ewigkeit geht es ja gar nicht, und das wissen wir schließlich auch, so töricht sind wir nicht. Es geht um etwas viel weniger Dramatisches, aber trotzdem Wichtiges. Ein Abschnitt unseres Lebens neigt sich dem Ende zu, hier, an diesem Bahnhof, hier, in der Flughalle A. Das Kind, das wir aufs College nach Amerika schicken, wird irgendwann wiederkommen, keine Frage, darum sorgen wir uns nicht. Aber wenn es wiederkommt, wird nichts mehr so sein, wie es war. Auch die Freundin mit dem Job in N. Y. werden wir wiedersehen, und alle werden sich freuen, und alles wird anders sein als heute. Wir können es nicht verhindern, denn wir können die Zeit nicht anhalten, und genau das möchten wir eigentlich gern. Alles soll so bleiben, wie es ist. Immer. Wenn wir uns nach einem Jahr oder nach zwei oder drei oder vier

Jahren wiedersehen, wollen wir genau da wieder anfangen, wo wir aufgehört haben, als wir uns am Flughafen verabschiedeten. Und wir wissen, daß das nicht möglich ist. Und das ist der Grund für diese unbestimmbare Traurigkeit, dieses Gefühl von Leere.

Doch darüber kann und mag niemand sprechen, wenn es soweit ist und eine unpersönliche Lautsprecherstimme verkündet: »Letzter Aufruf für die Fluggäste nach...« Und wir sagen: Tschüs, paß auf dich auf, schreib bald, ruf an, happy landing...

Wenn das Flugzeug abhebt, der Zug anfährt, hat das Neue, das hinter jedem Abschied steht, bereits begonnen – für alle Beteiligten. Wir werden es bald merken.

Abschied nehmen...

...vom Beruf

Die Damen und Herren von der Hausverwaltung waren die ersten, die der angehenden Pensionärin ihren zukünftigen Ruhestand ins Gedächtnis riefen. Sie hatte den Termin ein bißchen verdrängt in der letzten Zeit, nun, nachdem soweit alles geregelt war: Betriebsrente, Resturlaub, Garagenplatz noch bis Jahresende (da hatte sie kämpfen müssen!). Und nun kam ein Schrieb von der Hausverwaltung, mit dem die sehr geehrte Frau Y gebeten wurde, den ihr ausgehändigten Generalschlüssel bis zum Soundsovielten bei Herrn X abzugeben. Mit freundlichen Grüßen.
Jetzt war's ihr wieder so richtig klargeworden: der Abschied stand unmittelbar bevor. Und auf einmal hatte sie dieses seltsame Gefühl in der Magengrube. So ein Grummeln. Ein bißchen Angst? Ein bißchen Wehmut? Ein bißchen Zorn, daß es jetzt schon sein muß? Von allem etwas. Eine Mischung, die einem richtig im Magen liegt. Typischer Fall von Abschiedssyndrom.
Ich weiß, ich weiß: Immer mehr Menschen gehen, glücklicherweise, eher beschwingten Schrittes als gebeugten Hauptes dem »verdienten Ruhestand« entgegen. Sie sind noch fit genug, mit ihrem Leben etwas anzufangen, und werden ihren Achtstundentag nicht allzusehr vermissen. Das ändert aber nichts daran, daß mit dem Abschied vom Beruf ein Abschnitt zu Ende geht, der immerhin über Jahrzehnte unser Leben bestimmt hat. Und es soll mir keiner erzählen, das hinterließe keine Spuren.
So hat sich unser Biorhythmus im Laufe der Jahrzehnte auf bestimmte Tagesläufe eingependelt, mit dem Wachwerden

zu einer festen Zeit am Morgen fängt es an. In den Ferien haben wir zwar immer so lange geschlafen, wie wir konnten, und wir konnten! Doch das war etwas anderes, und schon damals hatten wir in den ersten Tagen Schwierigkeiten, nicht zu früh wach zu werden. Jetzt aber sind Endlos-Ferien angesagt, und unser Körper kapiert das nicht so schnell. Auch ohne Wecker: Pünktlich um halb sieben werden wir wach. Wir drehen uns auf die andere Seite, seufzen erleichtert und schlafen trotzdem nicht wieder ein. Es wird eine Weile dauern, bis wir es schaffen, unsere gewohnte Zeit zu verschlafen.
Diese Schlaf-Spur hat sich also schon mal eingeprägt. Und das frühe Aufwachen zieht ja anderes nach sich, zum Beispiel das frühe Müdewerden. Nicht mal ein kleiner Mittagsschlaf ändert daran etwas. Jetzt könnten wir es uns leisten, das tolle Nachtprogramm im Fernsehen einzuschalten, in die Kino-Spätvorstellung zu gehen, die Party bis zum Morgengrauen mitzumachen. Doch was geschieht? Wir schlafen prompt vorm Fernseher ein, sind viel zu faul für die Kino-Spätvorstellung und verlassen die rauschende Party zu einer Zeit, wo andere erst munter werden. Nein, mit unserem fortgeschrittenen Alter hat das nichts zu tun! Wir kennen schließlich Gleichaltrige oder sogar Ältere, die alles das tun, wozu wir zu müde sind, Gleichaltrige, die einfach anders gepolt sind, die kein Arbeitnehmerleben geführt haben wie wir.
Lassen wir uns nicht entmutigen – wir sind noch lernfähig. Wir kriegen's hin, sogar den Besuch der Spätvorstellung. Aber wir brauchen ein bißchen Zeit, die eine mehr, die andere weniger. Wir müssen uns auf viel Neues ein- und umstellen. Der Abschied vom Beruf ist schließlich mehr als der Abschied von einem Terminkalender. Er ist auch, machen wir uns nichts vor, ein Abschied von Menschen, die

uns viele Jahre lang nahestanden. Ja, nahestanden, das dürfen wir wörtlich nehmen, denn wir hatten tagtäglich mit ihnen zu tun, und so wurden sie Teil unseres Lebens, auch wenn wir eben nichts weiter als Arbeitskollegen waren. Mit den meisten haben wir privat wenig zu tun gehabt, nur gelegentlich gab es ein Gespräch über Familie, Hobbys, Ferienpläne. Aber schließlich gehörten wir ja einen ganzen Arbeitstag lang alle zusammen. Das schaffte Kontakte, auch wenn sich keine Freundschaft daraus entwickelte. Natürlich gab es Antipathien, manchmal nicht zu knapp, und es gab Kollegen und Kolleginnen mit heimlich belächelten und bespöttelten Macken, ach, die mit ihrem Ordnungstick und ihrem Feldwebelton, die darfst du doch nicht ernstnehmen! Ach, der Typ mit seinen Aktenvermerken, alles muß schriftlich sein, der hat sie doch nicht alle! Und natürlich gab es die Ranschmeißer und Intriganten, aber sie waren das Salz in der Suppe, man brauchte sie, damit man sich mit den anderen gemeinsam über sie aufregen und/oder amüsieren konnte.

Von heute auf morgen haben wir nichts mehr mit ihnen zu tun. Gewiß gibt es da keinen gefühlvollen Abschied, wahrscheinlich sind sie froh, daß sie uns loswerden. Oder nicht? Wahrscheinlich brauchten sie die kleinen Reibereien genau wie wir. Aber keine Sorge, unsere Nachfolgerin wird uns auch in dieser Beziehung ersetzen. Unsere Nachfolgerin! Ohne unseren Abschied gäbe es hier für sie keinen Anfang. (Natürlich hat auch sie sich irgendwo verabschiedet. Vielleicht von einer anderen Firma, vielleicht von einer anderen Abteilung. Eher seltener ist es eine Kollegin, mit der wir zusammengearbeitet haben.) Wie immer diese Nachfolgerin sein mag, wo immer sie herkommt – ihr Erscheinen gehört zu unserem Abschied und macht ihn uns nicht leichter. *Sie* also wird künftig an unserem Schreibtisch sit-

zen – nein, nicht an *unserem,* es sind neue Möbel für sie bestellt, na ja, unser Büro konnte schon eine Verjüngung vertragen, auch des Mobiliars, denken wir mit feiner Selbstironie, auf die wir richtig stolz sind. Jedenfalls wird sie unsere Arbeit tun, ob besser, ob schlechter, geht uns nichts mehr an, hat uns nicht mehr zu interessieren. Doch es interessiert uns, obwohl wir das niemals zugeben würden. Es ist schon seltsam, bei jeder Abschiedsfeier von den Nunendlich-Pensionären zu hören, daß sie von heute an überhaupt nicht mehr wissen wollen, was in der Firma passiert. Strahlend erzählen sie jedem, daß dieses Kapitel nun für sie abgeschlossen sei. (Schön wär's!) Sie erzählen es ein bißchen zu oft und meistens unaufgefordert, niemand fragt sie danach, aber sie müssen es einfach loswerden, damit um Himmels willen niemand in die Versuchung gerät, anzunehmen, der Abschied mache ihnen etwas aus.
Nein, es wäre uns peinlich, in diesem Moment Gefühle zu zeigen. Diesen heimlichen Triumph wollen wir der Firma nicht gönnen, sollen sie ruhig alle glauben, wir wären rundum froh, endlich aufhören zu dürfen oder zu müssen. Daß es im Zweifelsfall niemand so recht glaubt, kümmert uns nicht, das erfahren wir ja nicht, wer ist schon so brutal, es uns ins Gesicht zu sagen? Manche der ehemaligen Kolleginnen allerdings lassen es uns zart spüren: »Na, was wirst du denn jetzt so den ganzen Tag anfangen?« Oder: »Ans Rentnerdasein muß man sich auch erst gewöhnen, ich weiß das von meinem Vater, der hing zuerst immer nur lustlos im Haus rum, als er pensioniert wurde...«
Da kann man nur weghören oder sich eine von diesen witzigen, schlagfertigen Antworten einfallen lassen, die man leider nie parat hat, wenn sie gebraucht werden. Aber das alles gehört dazu. Kein Abschied ohne eine Prise Bitterkeit. Nehmen wir es nicht tragisch. Wir werden sie schließlich

alle so bald nicht wiedersehen, höchstens zufällig in der Stadt, wo sie dann sagen werden: »Na, du hast es gut, gehst hier spazieren, wo unsereiner nur mal rasch in der Mittagspause eine dringende Besorgung macht!« Nein, ist dieser Abschied erst einmal vollzogen, sind alle Beziehungen beendet. Und die bei solchen Feiern immer wieder geäußerte Aufforderung »Du läßt dich doch bestimmt gelegentlich mal bei uns sehen« ist nicht ernst gemeint, ebensowenig wie unser blitzschnelles »Aber sicher!«. Wenn wir erst draußen sind, sind wir draußen.

Und seltsam, sogar die Kolleginnen, mit denen wir uns auch privat gut standen, mal zusammen ins Kino gingen, Partys besuchten, am Wochenende durch die Stadt bummelten – sogar die verlieren wir allmählich aus den Augen. Es ergibt sich nichts mehr zwischen uns. In der Firma konnten wir uns schnell und mühelos verabreden, sozusagen von Schreibtisch zu Schreibtisch. Jetzt muß erst telefoniert werden, was zwar auch keinen großen Aufwand bedeutet, aber nicht immer beim ersten Versuch klappt: Nein, Frau X ist zu Tisch, nein, Frau X ist in einer Besprechung. Und wenn Frau X irgendwann zurückruft, sind wir gerade außer Haus. Nach ein paar gescheiterten Versuchen schläft unsere Beziehung sachte ein. Manchmal denken wir, daß es uns leid tut, aber wohl doch nicht so sehr, denn sonst würden wir uns ja um eine Wiederbelebung kümmern.

Es gibt soviel anderes, um das wir uns wirklich kümmern müssen. Zum Beispiel darum, womit wir nun unseren Tag ausfüllen. Was immer wir in den vergangenen Jahrzehnten getan haben, unsere Fähigkeiten sind nicht mehr gefragt. Wir können sie einmotten – man weiß ja nie. Erst einmal aber betreten wir Neuland. Und das dürfen wir ruhig mit Bedacht tun, ohne Hektik, ohne das Bestreben, nun sofort jede Stunde neu einzuplanen nach dem Motto: Nur nicht ohne Programm sein, nur nicht ohne Terminkalender leben müssen! Wir haben uns von einer fast lebenslangen Abhängigkeit verabschiedet und setzen sofort alles daran, in die nächste zu kommen. Wenn ich so lese, was gerade in die Freiheit entlassene »Senioren« alles angeboten wird! Was sie alles tun können, sollten, müßten, um ja nicht eine Sekunde sich selbst überlassen zu sein, womöglich nachzudenken über sich, über ihr Leben, über ihr Hier und Jetzt. Das Schreckgespenst Einsamkeit droht. Weg damit, bekämpfen wir es mit Kreativitätsseminaren aller Art, mit Töpfern, Seidenmalerei, Spanischkursen, Bildungsreisen, gestatten wir uns um Gottes willen nicht, im angeblich wohlverdienten Ruhestand wirklich einmal zur Ruhe zu kommen. Zu peinlich, wenn wir auf die Frage: »Was machst du jetzt eigentlich?« schlicht mit einem »Nichts« antworten müßten.

Komisch, wie schwer es uns fällt, von der Hektik Abschied zu nehmen, die fast jeder Beruf mit sich bringt. Gerade die, die am meisten darüber gestöhnt haben, daß sie überfordert würden, nie auch nur ein freies Wochenende hätten, nicht mal dazu kämen, ein Buch zu lesen – gerade die können es jetzt nur schwer ertragen, Zeit zu haben. Zeit haben, das zeigt doch nur, daß man nicht mehr gefragt ist. Also schaffen sie um sich her eine künstliche Betriebsamkeit. Sie erinnern mich ein bißchen an den Hamster in der durch eigene Fußarbeit ständig rotierenden Trommel. Nur, in diese Trommel haben sie sich selbst manövriert.

Ob wir nach dem Abschied vom Beruf lustlos herumsitzen, unruhig nach neuen Lebensinhalten suchen oder uns mit aller Gelassenheit, die wir aufbringen können, erlauben, die veränderte Situation erst einmal kennenzulernen, um uns an sie zu gewöhnen – so oder so haben wir uns mit dem abzufinden, was ist. Es war keiner von diesen unvorhersehbaren, schicksalhaften Abschieden, sondern der Termin stand fest. Wir hatten, auch wenn wir zu diesen unersetzlich Vielbeschäftigten gehörten, genügend Zeit, uns seelisch darauf vorzubereiten. Hin und wieder hat das ja wohl auch jede getan, die eine mit einem sehnsuchtsvollen Seufzer (Wenn es doch schon soweit wäre!), die andere mit einem leisen Schauder: O Gott, wenn es soweit ist, bin ich alt!

Nun hat der Abschied stattgefunden, der Zug ist abgefahren, der Tag X gekommen. Wie alt oder jung wir uns jetzt auch fühlen, es führt kein Weg zurück.

Die Selbständigen, die Freiberufler können nach eigenem Ermessen bestimmen, wann sie das Kapitel Beruf abschließen wollen. Sie sind besser dran, sie müssen nicht zu einem Zeitpunkt aufhören, wo sie durchaus noch in der Lage und willens sind, zu arbeiten. Der Gemüsehändler muß seinen Laden nicht dichtmachen, nur weil er sechzig geworden ist. Der Schlachter kann noch als rüstiger Siebziger hinter der Ladentheke stehen. Niemand verbietet es einem Komponisten, Musik zu schreiben, solange es ihm Spaß macht, und da fällt mir sofort Verdi ein, der über achtzig war, als er den »Falstaff« komponierte. Ach ja, die Künstler! Man denke nur an die alten Schauspieler und Schauspielerinnen, die uns tagtäglich im Fernsehen begegnen. Manche haben im Laufe der Jahre tatsächlich gewonnen, sehen besser, interessanter, natürlicher aus, andere dagegen wirken eher zementiert, das letzte Lifting hat sie starrer, nicht jünger gemacht, doch das ist ihre Sache. Bei manchen denkt man: Der sollte nun auch mal aufhören oder wenigstens das Rollenfach wechseln. Aber aufzuhören ist in diesem Beruf wohl besonders schmerzlich.

Von einer berühmten Sängerin wird erzählt, daß sie, in

die Jahre gekommen, von Zeit zu Zeit den Vorsatz faßte, nun von der Bühne abzutreten. Es blieb beim Vorsatz. Ihre Abschiedskonzerte wurden ebenfalls berühmt. Niemand nahm das melodramatisch angekündigte »Letzte Benefizkonzert« richtig ernst. Bis es dann eines Tages tatsächlich soweit war – die Primadonna hörte auf. Ihr erschrockenes Publikum trauerte ihr noch lange nach: ein unheimlich starker Abgang.

Auch wenn man keine Primadonna ist – freiwillig von einem Beruf Abschied zu nehmen, den man geliebt hat und der wirklich ein Beruf war, nicht nur ein angenehmer und gutbezahlter Job, dazu braucht es sehr viel Mut und Selbsterkenntnis. Ist es für einen Abgang nicht noch zu früh? Aber tückischerweise kann es morgen bereits zu spät sein. Den richtigen Moment zu erwischen, das ist die Kunst. Sich nicht erst zurückziehen, wenn alle längst seufzend darauf warten. Wenn dem Chirurgen die Hand und dem Sänger die Stimme zittert. Wenn der Chef, gewohnt und darauf erpicht, alles selbst zu machen, ohne die diskrete Unterstützung genervter Mitarbeiter überhaupt nichts mehr zustande bringt. Lieber Gott, wann hört er endlich auf?

Der nicht rechtzeitig vollzogene Abschied ist der peinlichste von allen. Lieber etwas zu früh als etwas zu spät gehen. Das ist für sämtliche Beteiligten besser. Es ist wie bei einem Fest, dessen Höhepunkt man nicht unnötig überschreiten sollte, jetzt kann die Stimmung nur noch abflauen, verabschieden wir uns also lieber. Doch wenn man die Entscheidung treffen muß, fällt sie schwer. Den Beruf aufgeben bedeutet für viele auch einen Abschied von ihrer Kreativität. Aber das stimmt nicht. Kreativ, das heißt, schöpferisch, können wir bis an unser Lebensende sein.

»Kreativität hat nichts mit einer besonderen Arbeit zu tun.

Kreativität hat etwas mit der Qualität eures Bewußtseins zu tun«, behauptet der indische Mystiker Osho, der auch einmal erklärt hat, daß es durchaus kreativ sein könne, einen Boden zu schrubben. Was nichts anderes heißt, als daß wir in jedem Lebensabschnitt Neues entdecken und uns diesem Neuen öffnen können.

Jahrzehntelang waren wir auf unsere Arbeit, unseren Beruf fixiert, unser ganzes Leben war darauf eingerichtet. Jetzt haben wir die Hände wieder frei. Es liegt an uns, wofür wir sie nun benutzen. Boden schrubben wäre vielleicht gar kein schlechter Anfang.

Abschied nehmen...

...von einer Liebe

Sie hat sich von ihm getrennt. Er hat sich von ihr getrennt. Sie hat sich von ihr getrennt. Er hat sich von ihm getrennt. Jede Konstellation ist möglich. Und immer tut die Trennung einem von beiden weh. Vielleicht sogar beiden. Aber einem gewiß mehr als dem anderen. Einer von ihnen empfindet schmerzhafte Schuldgefühle, auch kein besonders angenehmer Zustand. Der andere aber wird allein gelassen, obwohl er nichts nötiger brauchte als den, der gehen will. Das ist wie eine Operation ohne Narkose. Aber es ist beschlossen, abgemacht, unabänderlich: sie werden sich voneinander verabschieden. Wenn alles gutgeht, wird es heißen, daß sie sich in bester Freundschaft getrennt haben. Das hört sich sehr schön an, aber für beide war es ein Abschied von einer Liebe, und das ist keine beglückende Erfahrung, sondern eine Enttäuschung.

Ja, wenn wir anders programmiert wären! Wenn wir gelernt hätten, daß Liebe nichts ist, was man festhalten kann, daß man sich freuen soll, wenn sie kommt, daß man sie loslassen muß, wenn sie gehen will. Wenn uns irgend jemand frühzeitig klargemacht hätte, daß auch der geliebteste Partner nur eine Leihgabe ist, den wir durch nichts, aber auch gar nichts für ewig an uns binden können. Doch unsere Gesellschaft mit ihren Moralbegriffen besteht darauf, und die Kirche gibt ihren Segen. Niemand glaubt so recht daran, wahrscheinlich auch nicht die beiden, die da vorm Altar stehen und ihr Jawort dazu geben, daß sie einander lieben werden, bis daß der Tod sie scheide. Und dann lassen sie es erst gar nicht soweit kommen. Das Leben scheidet sie, manchmal eher, als sie dachten. Was ist los? Was ist mit ihnen passiert? Das, was den meisten Leuten passiert, die unbedingt etwas festhalten wollen, was sich nicht festhalten läßt.

Wenn wir merken, daß uns die Liebe abhanden gekommen ist, geraten wir in Panik. Nicht nur, wenn *wir* diejenigen sind, die verlassen werden. Zu spüren, daß unsere Gefühle für den anderen nicht mehr die gleichen sind, versetzt uns in Schrecken und Verwirrung. Das kann doch gar nicht sein! Wir waren doch so sicher! Aber nun ist es so, und wir sind tief enttäuscht von uns.

Mit dem Abschied von einer Liebe verabschieden wir uns auch von einer Illusion, die wir uns über uns selbst gemacht haben, von der Illusion, wir wären dazu imstande, diesen Mann, diese Frau, immer und ewig auf die gleiche Weise zu lieben. Jetzt haben wir uns bei einer Schwäche ertappt, und das schmerzt, vor allem unser Ego. Wenn wir Glück haben – was in diesem Zusammenhang etwas zynisch klingt –, können wir wenigstens einen Teil der Verantwortung auf den nicht mehr so geliebten Partner abwälzen. Hat er sich etwa nicht zu seinem Nachteil verändert, uns vernachlässigt, zu dominieren versucht, ungerecht kritisiert, schikaniert, durch Lieblosigkeit und Egoismus verletzt? Nein, nicht *wir* sind schuld daran, daß es so gekommen ist. Oder jedenfalls sind nicht *nur* wir schuld. Aber auch wenn wir die Schuld auf diese Weise einigermaßen gerecht verteilt haben, bleibt ein Stachel in unserem Fleisch. Hätten wir es nicht eigentlich wissen müssen, daß es mal so kommen würde – von Anfang an? Wurden wir nicht gewarnt, und hätten wir nicht schon früher merken können, daß wir an den Falschen geraten sind?

Wer da glaubt, der Abschied von einem Partner sei nur der Abschied von einer Liebe, irrt gewaltig. Abschied von einer Liebe – das sind Ingrid Bergman und Humphrey Bogart.

Aber jenseits von Casablanca spielt sich so was viel weniger romantisch verklärt ab. Und das wäre ja noch nicht das Schlimmste. Doch gerade unter Jüngeren kann vom Partner-Abschied »in aller Freundschaft« häufig nicht die Rede sein. Der Abschied voneinander vollzieht sich durchaus nicht in aller Freundschaft, nicht mal in allem Frieden. Statt dessen: Empörung auf seiten der/des Verlassenen. Kein Wort mehr mit der Ungetreuen! Sofortige Trennung von Tisch und Bett, sofern letzteres nicht ohnehin schon erfolgt ist. Ein Abschied im Donnerwetter. Wenn man überhaupt noch miteinander spricht, dann nur darüber, wann seine/ihre Schallplatten, Bücher, Kassetten und Fernseher/Radio/Video abgeholt werden, falls eine gemeinsame Wohnung vorhanden war. Der Rest ist Schweigen.
Möglicherweise für sehr lange. Die Nicht-mehr-Liebenden und Nicht-mehr-miteinander-Lebenden vermeiden es, einander zu begegnen. Gemeinsame Freunde werden nur noch unter bestimmten Voraussetzungen besucht, besteht die Gefahr, daß der/die andere dort ebenfalls auftaucht, bleibt man der Fete lieber fern. Man hat sich voneinander verabschiedet, und zwar so endgültig, wie es nur sein kann. Auf Wiederbegegnungen, gleich wo und welcher Art, legt man nicht nur keinen Wert mehr, sondern ist darauf auch in keiner Weise vorbereitet.
Und dann treffen die beiden plötzlich und unerwartet aufeinander. Zum Beispiel auf einer Strandpromenade an der Ostsee, wie es mir als junger Frau passierte. Ich hatte mich tapfer und schmerzensreich per Brief von einer, wie ich meinte, überlebensgroßen Liebe verabschiedet, und ein paar Wochen später liefen wir uns in den Ferien – nun, nicht gerade in die Arme, aber doch unübersehbar über den Weg. Nie vergesse ich die Sprachlosigkeit auf der einen wie der anderen Seite. Erschwerend kam hinzu, daß wir

beide in Begleitung waren, ich hatte eine Freundin dabei, er seine rechtmäßige Ehefrau und einen auch mir bekannten Freund. Die Peinlichkeit war himmelschreiend. Fünf Leute standen einander gegenüber, und drei davon verhielten sich wie Kaninchen angesichts einer besonders erschreckenden Riesenschlange. Irgend jemand sagte dann wohl doch irgend etwas, und jeder ging weiter seines Wegs, wahrscheinlich mit einigermaßen normal unbeteiligten, halbwegs freundlichen Mienen, für Ahnungslose waren wir bestimmt ganz und gar unauffällig. Aber ich weiß noch heute, wie mir damals die Knie zitterten. Wahrscheinlich ging es ihm nicht viel besser.

Als wir uns danach, viel später, wieder begegneten, in der Stadt, in der wir beide lebten, benahmen wir uns wie normale Menschen, unbefangen und emotionslos. Die Geschichte war verschmerzt und hatte keine nennenswerten Narben hinterlassen. Wir hatten uns nicht nur äußerlich, sondern auch innerlich voneinander getrennt, jetzt sahen wir uns wieder wie zwei flüchtige Bekannte, ach, nett, dich zu treffen, wie geht's denn so, ist die Familie wohlauf? Nicht mal ein bitterer Nachgeschmack blieb, von zitternden Knien gar nicht zu reden. Der Abschied war gründlich gewesen. Es hatte halt nur ein bißchen länger gedauert.

Aber so geht das eben, besonders wenn der Abschied zunächst einmal einseitig ist, wenn von gütlichem Einvernehmen keine Rede sein kann und der, der zornig und verzweifelt geht, im Grunde darauf wartet, daß der andere hinter ihm her eilt, um ihn ans Herz zu drücken. Wehe, wenn das nicht geschieht, wenn unsere Abschiedsbekundung wortlos auf- und hingenommen wird, wenn sich nichts rührt, kein heftiger Protest erfolgt, wenn wir mit unseren eigenen Waffen geschlagen werden: der andere hat offenbar nur darauf gewartet, daß wir endlich das Schlußzeichen setzen, jetzt ist er fein raus, braucht nichts zu tun, als stillzuhalten und zu schweigen, so einfach ist das, so leicht haben wir's ihm gemacht. Dabei war das das allerletzte, was wir wollten! Aber so ist das mit Abschieden: man muß höllisch vorsichtig sein, wenn man sie gibt und eigentlich nicht so meint. Wenn unser scheinbar mutiges »Dann geh ich eben!« ohne Echo bleibt, obwohl wir fest damit gerechnet haben, daß der Partner von unserem Entschluß bis ins Mark getroffen wird. Vielleicht ist das sogar der Fall. Aber jedenfalls bleibt die erwartete Reaktion aus, und nun müssen wir damit fertig werden. Oder sollen wir etwa mit einem lahmen »Ich hab's nicht so gemeint« kapitulieren? Das hieße die Schamgrenze überschreiten. Aber es ist nicht in erster Linie unser verletzter Stolz, der uns verbietet, doch noch einmal auf den von uns Verlassenen zuzugehen. Irgendwie spüren wir, daß da wirklich etwas zu Ende geht, daß es sinnlos wäre, an einem neuen Anfang zu basteln. Der Abschied war von uns vielleicht nicht ganz ernst gemeint, aber nach der ersten Enttäuschung merken wir, daß er unabwendbar war, wir hätten ihn aufschieben, aber nicht vermeiden können. Wir sind dem anderen nur zuvorgekommen, haben den Stein nur ins Rollen gebracht, der bereits dalag, es bedurfte lediglich eines kleinen Anstoßes, über kurz oder lang wäre sowieso passiert, was jetzt passiert ist.

Abschiede verlaufen nun mal nicht immer so, wie wir uns das wünschen und vorstellen. Und manche ziehen sich über Jahre hin. Beziehungen, die längst zu einem bloßen Nebeneinanderherleben entartet sind, aus praktischen Erwägungen aufrechterhalten, kümmern so vor sich hin, keiner hat dem anderen mehr irgend etwas zu sagen. Ich kannte ein älteres Ehepaar, das sich nicht scheiden ließ, damit der Frau die Pension des Mannes nicht verlorenging. Aus »praktischen Erwägungen« behielten sie auch die gemeinsame Wohnung, aber keiner richtete mehr das Wort an den anderen. Sie verständigten sich nur noch auf Zetteln miteinander. Sie hatten sich schon lange, lange von ihrer Liebe verabschiedet, und Freundschaft war zwischen ihnen niemals gewachsen. Den Anschluß hatten sie verpaßt. Jetzt lebten sie wie in einem Schattenreich zwischen Gleichgültigkeit und Abneigung nebeneinander her. Ein Strindberg-Paar.

Andere schaffen es: Liebe wird zur Freundschaft. Schön, wenn wir es akzeptieren, daß Gefühle sich wandeln können. Das Herz ist eine transformierende Kraft, sagt der indische Mystiker Osho. Wir müssen allerdings auch akzeptieren, daß so etwas ein bißchen Zeit braucht. Der Vorschlag »Laß uns gute Freunde bleiben« kommt meistens von dem, der nicht mehr (so) liebt. Er darf nicht enttäuscht sein, wenn der andere nicht gleich feurig begeistert auf dieses Angebot eingeht. Jeder sollte jedem Zeit lassen. Aber jeder sollte auch den anderen erkennen lassen, daß die Bereitschaft zu solcher Freundschaft vorhanden ist. Freundschaften, die aus einer Liebe entstehen, haben meist lebenslangen Bestand. Was soll sie noch erschüttern können? Und die Liebe hat ja nie wirklich aufgehört, sie hat sich nur gewandelt. Das kann ein schmerzhafter Prozeß gewesen sein, aber ihn durchzustehen lohnt sich. Die ganz guten alten Freunde, die unzertrennlichen, sind meistens die, von denen alle wissen: Die hatten doch mal was miteinander! Und jetzt hat jeder von ihnen einen anderen Partner, aber Liebe ist da immer noch. Daß sie nicht mehr miteinander schlafen, ändert nichts an der Tatsache, daß sie starke, gute Gefühle füreinander haben. Die Liebe hat den Sex überdauert, das gibt es tatsächlich, man sollte es kaum glauben! Wieder mal ein Abschied, hinter dem ein Anfang stand.

Wer es schon erlebt hat, weiß: Es kann auch ziemlich schmerzhaft sein, sich von einer Freundschaft zu verabschieden. Da war jemand, der mit uns durch dick und dünn gegangen ist, der uns vertraute und dem wir vertrauten, unsere Beziehung schien hundertprozentig und durch nichts zu erschüttern. Und dann plötzlich...
Nein, nicht plötzlich. Wenn Freundschaften nicht mit einem gewaltigen Krach zu Bruch gehen, vollzieht sich die Entfremdung meist langsam, schleichend, zunächst kaum wahrgenommen. Eine räumliche Trennung kann, muß aber nicht, vorausgehen. Man sieht einander seltener, spricht einander weniger häufig, zu langen Briefen hat natürlich keine Zeit. Wenn man dann wieder zusammen ist, scheint zunächst noch alles wie immer. Aber an vielen Kleinigkeiten merken wir, daß es eben nicht wie immer ist. Daß jede von uns ihr eigenes Leben führt, das mit dem der anderen nicht mehr viel zu tun hat, eigentlich gar nichts mehr. Wir haben, wie es heißt, kaum noch gemeinsame Interessen. Die eine hat inzwischen Mann und Kind und die andere immer noch und ausschließlich ihren Beruf. Klar, jede bringt für die andere soviel Verständnis auf, wie ihr möglich ist, aber irgendwie bleibt es beim Bemühen. Eine junge Frau, gerade fertig mit der Berufsausbildung und unverheiratet, erzählte mir von einem Treffen mit ehemaligen Schulkolleginnen: »Es war irgendwie nervig, weil die meisten schon Familie hatten und sich hauptsächlich über ihre Babys unterhielten – ich kam mir vor wie eine Außenseiterin. Wir hatten plötzlich überhaupt nichts Gemeinsames mehr.«
Ähnliches kann zwischen einstmals sehr guten Freundinnen passieren. Vielleicht ist es nur eine Pause, auch das wäre möglich. Manche Freundschaften scheinen völlig zum Erliegen gekommen zu sein, tatsächlich aber liegen sie

nur brach und warten darauf, daß man sich wieder ihrer annimmt. Unsere damals zweieinhalbjährige Tochter und ein gleichaltriges Kind aus der Nachbarschaft erlebten so etwas wie einen *coup de foudre,* eine Liebe auf den ersten Blick. Ihre Freundschaft hielt bis weit in die Schulzeit hinein, aber eines Tages war Schluß. Bis sich die beiden, inzwischen erwachsen, zufällig in einem ganz anderen Stadtviertel trafen und sich herausstellte, daß sie dort fast Nachbarinnen waren. Seitdem steht ihre brachgelegene Freundschaft wieder in voller Blüte.
Doch manchmal bleibt es beim Abschied. Manchmal wissen wir auch genau, warum, aber es läßt sich nichts dagegen tun. Mißverständnisse, Kränkungen kann man aus der Welt schaffen, sich aussprechen, sich entschuldigen, sich in die Arme fallen und jede die andere wieder annehmen. Aber wenn es um etwas Grundsätzliches geht, wird der Fall schwierig. Eine Freundin wechselt den Partner, die Weltanschauung, die Partei, die Religion. Da kann die andere nicht mehr mit, da hört das Verständnis auf, das ist ja nicht mehr die Person, mit der sie sich auf der gleichen Wellenlänge fühlte. Das ist der Anfang vom Ende.
Einen richtigen Abschied gibt es in einem solchen Fall nicht. Nur ein spürbares, deutliches, betontes Sichzurückziehen. Sind die beiden zu feige für eine Aussprache oder vermeiden sie sie, weil sie wissen, daß das doch nichts bringen würde? Von beidem ein bißchen. Die ganze Angelegenheit ist etwas peinlich – für die eine wie für die andere. Jemandem die Freundschaft aufzukündigen, weil er sich in ganz persönlichen Angelegenheiten nicht so verhält, wie man von ihm erwartet hat – eigentlich ist das doch lächerlich. Aber lächerlich oder nicht, die Freundschaft hat einen Riß bekommen, der sich vertieft und offensichtlich nicht mehr zu reparieren ist. Das tut weh. Weh tut auch der still-

schweigende Abschied von Freunden, die mit der einen Hälfte eines geschiedenen Paares nun nichts mehr zu tun haben wollen. Bis zum Tag X waren alle miteinander unzertrennlich, noch als die Scheidung ins Haus stand, gab es mitfühlende Anrufe und Besuche. Dann aber entschloß sich das Freundespaar für den Ex-Ehemann und hatte für die Ex-Ehefrau leider, leider keine Zeit mehr. Sie sollte sich nicht allzu lange deswegen Kummer machen – es lohnt sich nicht. Wenn sie meint, daß eine Aussprache etwas bringt, kann sie immerhin den Versuch wagen, ein großes Wagnis ist es schließlich nicht. Aber vermutlich wird sie auf Ausreden und Verlegenheit stoßen, und danach bleibt alles, wie es war: leider, leider keine Zeit.
Von Freundschaften dieser Art können wir uns leichten Herzens verabschieden, es waren sicher keine Freunde, die wir da verloren haben, sondern bestenfalls nette Bekannte. Doch es gibt Freundschaften, wo sich das Warten und Geduld-miteinander-Haben lohnt. Das Alte ist vorbei, so, wie es einmal zwischen uns war, wird es nicht wieder werden. Da war schon ein Abschied. Jetzt liegt es an uns, ob etwas Neues entsteht. Haben wir Geduld.

Abschied nehmen...

...von einer Wohnung

Ob es etwas mit dem Alter zu tun hat? Wahrscheinlich ja. Wahrscheinlich nein. Wir pflegen ja alles aufs Alter zu schieben, ob uns ein Wehwehchen plagt oder Gedächtnislücken auftreten oder uns sentimentale Erinnerungen überfallen. Doch glücklicherweise reagieren jüngere und junge Leute oft genauso wie wir in die Jahre Gekommenen. Da höre ich zum Beispiel meine fünfundzwanzigjährige Tochter: »Also, aus meiner Wohnung ausziehen möchte ich nur, wenn ich in eine andere Stadt müßte. Ich fühl' mich so wohl hier, auch in dieser Gegend, da möchte ich nicht weg.« Sie wohnt seit fünf Jahren in einem alten Haus in einem buntgemischten Stadtviertel, buntgemischt, sowohl was die Altersgruppen als auch die Nationalität der Einwohner betrifft. Es ist eine lebendige, unbekümmerte Gegend, kein Wunder, daß junge Leute sich dort wohl fühlen – und nicht wieder weg wollen. Zum Glück stellt sich das Problem zur Zeit auch nicht für meine Tochter. Aber ich bin sicher: Wenn es einmal dazu kommt (und bestimmt wird es dazu kommen), steht ein sentimentaler Abschied bevor.

Sich von einer Wohnung zu verabschieden, in der wir gute, weniger gute, ausgesprochen schöne und ausgesprochen miese, aber eben wichtige Zeiten verlebt haben, das fällt uns nicht nur schwer, wenn wir alt sind. Das kann uns auch in jungen Jahren ganz schön aufs Gemüt gehen. Es ist ja, wem sag ich das, nicht nur die Wohnung. Meist wechseln wir mit ihr ein ganzes Viertel, das uns vertraut war. Die Zeit der Tante-Emma-Läden ist zwar vorbei, aber der eine oder andere hat sich doch noch gehalten, es gab die

Schlachterei und die Gemüsefrau, den Zeitungs- und Tabakkiosk, den Frisör, der sich noch nicht »Coiffeur« nannte, und sogar der Supermarkt war nicht so super, daß die Frau an der Kasse uns nicht allmählich kannte und wir gelegentlich mit ihr schwatzten. So hatten wir unsere kleinen Na-wie-geht's-denn-Beziehungen. Stammkneipe fanden wir zwar keine, doch dafür »den Italiener«, und eine so gute Pizza wie bei ihm werden wir nie wieder irgendwo kriegen.

Wir verlassen also nicht nur eine Wohnung, wir verabschieden uns von einem Viertel, in dem uns, wie wir nun auf einmal verschreckt feststellen, alles ans Herz gewachsen war. Ja, es stimmt schon, die Verkehrsverbindungen waren nicht die allerbesten, und wir haben oft genug geflucht, wenn wir bei strömendem Regen oder Eiseskälte den Zehn-Minuten-Fußweg zur Bushaltestelle antraten. Das wird nun alles anders und besser, die U- und S-Bahn haben wir demnächst fast vor der Tür. Doch dafür gibt es in der Straße, in die wir ziehen, keine alten Linden und im Herbst keine Laternenumzüge mit freundlich grinsenden Papiersonnen und -monden, geschwenkt von Kleinkindern und ihren Müttern.

Wahrscheinlich werden wir das alles später gar nicht so sehr vermissen, wie wir befürchten. Die neue Wohnung, das neue Viertel werden uns genügend beschäftigen, und wir werden bald herausfinden, daß es auch hier vieles gibt, was uns gefällt und woran wir uns gern und schnell gewöhnen. Klar, würden wir sonst überhaupt umziehen? Aber das ändert nichts an der Tatsache, daß wir jetzt erst einmal in Abschiedsstimmung sind. Sogar die alten Macken unserer alten Wohnung scheinen uns nun eher liebenswert: die Verbindungstür zwischen den zwei Wohnräumen, die immer offenblieb, weil sie sich leider nicht schließen ließ, gab der Wohnung ja auch etwas angenehm Lässiges und erleichterte die Kommunikation. Anders war es mit der Tür vorm Küchenbalkon, an der wir uns mindestens einmal am Tag die Finger klemmten, sie wird uns nicht fehlen (aber die neue Wohnung hat keinen Küchenbalkon. Und *der* wird uns fehlen.)

Die Wohnung, die wir freiwillig verlassen, um unseren Haushalt zu vergrößern, zu verkleinern, jedenfalls, um uns zu verbessern, wird trotz aller Abschiedssentimentalität bald in Vergessenheit geraten. Aber der Abschied ist ja nicht immer so freiwillig. Wie zum Beispiel fühlen sich Hausinstandbesetzerinnen, die räumen müssen? Mal abgesehen davon, daß sie vielleicht nicht wissen, wohin sie nach der Zwangsräumung sollen? Und was ist mit dem Umzug von der eigenen Wohnung ins Altenheim (mag diese Aktion auch noch so vernünftig sein)? O ja, ich kenne die Tapferen, die mutig sagen: »Wenn es sein muß, muß es eben sein, und außerdem kann ich ja ein paar Sachen mitnehmen.«

Doch es gibt genügend andere, für die der Abschied von der seit Jahrzehnten behausten Wohnung einem Abschied vom Leben gleichkommt. Wer je dazu gezwungen war, die Wohnung alter Verwandter »aufzulösen«, lernt das zu verstehen: in solchen Wohnungen steckt tatsächlich ein ganzes Leben. Irgendwann, beim einen früher, beim anderen später, kam der Zeitpunkt, wo die Wohnungsinhaber nichts mehr wegwarfen, was ihnen irgend wichtig erschien. Und wichtig waren ihnen nicht nur leere Marmeladengläser, Blechdosen und Verpackungsmaterial aller Art, sondern natürlich vor allem Briefe, Postkarten, Theaterprogramme und Fotos, Fotos! Wer da »auflöst«, wühlt sich durch Berge von Erinnerungen. Ja, wer kaltschnäuzig genug ist, sammelt das alles für den nächst erreichbaren

Reißwolf ein. Aber wir, meine Kusine und ich, konnten es jedenfalls nicht, als wir einmal eine solche Auflösungsaktion bewältigen mußten. Wir waren in der Wohnung unserer Tante, die nun im Altenheim lebte, von Kindheit an ein- und ausgegangen. Mit jedem Raum der düsteren Altbauwohnung verbanden sich für uns Erinnerungen. Da, im Speisezimmer, wurden Familienfeste gefeiert, an diesem bombastischen Ausziehtisch, Eiche natürlich. Im Schlafzimmer hatten wir als kleine Mädchen vorm Toilettentisch (mit drei Spiegeln) gesessen und mit Puderquasten und glitzerndem Modeschmuck gespielt. Der dunkle Flur war uns immer etwas unheimlich gewesen. Und das Klo war nicht zu heizen und daher im Winter klirrend kalt!
Wir kamen auch noch zu Besuch, als wir älter waren, die Familienfeste fanden immer noch statt, freilich in anderer Besetzung, mit neuen Gästen, von den alten blieben nicht mehr viele übrig. Einmal erlebten wir im Luftschutzkeller des Hauses einen eher harmlosen Fliegerangriff, später wurde in der näheren Umgebung fast alles zerstört, aber eben dieses Haus blieb erhalten, angekratzt von Bombensplittern zwar, aber noch stabil.
Und da saßen wir dann eines Tages (und nicht nur *eines* Tages) und arbeiteten uns durch die Erinnerungen eines Lebens, an dem wir ja auch teilgenommen hatten. Die alte Frau war schon sehr verwirrt gewesen, als sie ins Altenheim zog, aber sie redete oft von ihrer Wohnung, und uns gab das immer wieder einen Stich. Wie intensiv sie den Abschied empfunden hatte, wußten wir nicht, aber wir taten uns selber schwer mit dem »Auflösen«. Zerrissen Briefe, Papiere, längst nutzlos gewordene Dokumente, lasen uns hier und da fest, zögerten bei vielem: nein, das können wir einfach nicht vernichten! Und die Fotos! Ein paar Kartons voll nahmen wir mit. (Wer immer eines Tages mal *unsere*

Wohnungen »auflöst«, wird ebenfalls seine Probleme damit haben.)
Jedenfalls lernten wir auf diese Weise, daß es auch einen Abschied von Wohnungen gibt, die gar nicht unsere sind. Wohnungen, in denen wir nur hin und wieder gelebt haben, als Gäste aufgetaucht sind. Trotzdem verbindet uns etwas mit ihnen.
Das Haus, in dem diese Wohnung lag, gibt es noch. Der sehr clevere Eigentümer hat aus den verwohnten Räumen allmählich wohl auch die letzten Mieter herausgeschürft (die alte Frau gehörte zu den vorletzten, und er tat alles, um ihren Auszug zu beschleunigen) und Büros und Praxen ausbauen lassen. Die Fassade des Altbaus in der City ist aufgefrischt worden, imposant und schmuck, bietet das Haus einen durchaus erfreulichen Anblick. Mit meinen Erinnerungen hat es nichts mehr zu tun.
Andere Häuser mit einer Wohnung, von der wir irgendwann mal Abschied genommen haben, sind vom Erdboden verschwunden. Wegsaniert. Das geht heute schnell, wenn das nötige Geld vorhanden ist. Ruck zuck! Die Abrißbirne kreist, sehr bald wird es hier einen schicken Neubau geben. Und wir kommen irgendwann vorbei und erstarren: Was haben sie mit unserem alten Haus gemacht? Kein Stein ist mehr übriggeblieben. Genau dieses Erlebnis hatte ich vor Jahren, als ich in Berlin-Zehlendorf nach einem Haus suchte, in dem ich ein paar Kinderjahre gelebt hatte. Es war eine typische Villa aus den zwanziger Jahren, mit recht großem Garten und vielen alten Bäumen. Meine Eltern hatten es gemietet, wir blieben dort nur fünf oder sechs Jahre. Es war natürlich nicht das berühmte, oft zitierte Haus der Kindheit, mit Familientradition und angefüllt mit Erinnerungen an frühere Generationen. Aber trotzdem blieb es mein Haus. Nach dem Krieg, als ich schon nicht

mehr in Berlin lebte, fuhr ich noch einmal hin, und da war es noch an seinem Platz, allerdings sehr heruntergekommen. Sein verwahrlostes Äußeres (wie mochte es von innen aussehen!) stimmte mich traurig, ich dachte: Das macht es nicht mehr lange! Und so war es auch. Als ich das nächste Mal wiederkam, stand es nicht mehr da. Statt dessen fand ich eine Baustelle und einen umgepflügten Garten vor, von den schönen alten Bäumen war nur eine riesige Rotbuche übriggeblieben. Keine Spur mehr von meinem Haus. Die Führungsakademie der Bundeswehr, verkündete ein Schild, errichte hier einen Neubau. Ich bin nie wieder dorthin gekommen. Ich hätte heulen mögen. Es war ein richtiger Schock.

Dabei gehöre ich ja zu einer Generation, die erlebt hat, wie Häuser über Nacht buchstäblich weggepustet wurden, in wenigen Stunden ausbrannten, niemand hatte Zeit, sich sentimental von seiner Wohnung zu verabschieden; wen es erwischte, der konnte froh sein, daß er überhaupt noch lebte. Aber es gab ja nicht nur die »Ausgebombten«. Es gab die, die in Nacht-und-Nebel-Überfällen aus ihren Wohnungen verschleppt wurden, »abgeholt«, wie sich die Nachbarn am anderen Tag zuflüsterten. Eine kurze Zeit standen solche Wohnungen wohl leer, aber was heißt »leer«, die darin gelebt hatten, durften ja nichts mitnehmen, alles blieb, wie es war, nur die Menschen waren nicht mehr da, und eines Tages zogen andere ein. Nein, ein Abschied hatte nicht stattgefunden, hier war niemand ausgezogen, hier waren Menschen herausgezerrt, herausgerissen worden.

Das ist lange her, unsere Töchter und Söhne und Enkel haben es nicht erlebt, kennen es nur aus dem, was wir ihnen (hoffentlich) erzählen, aus Büchern, aus Filmen, aus dem Fernsehen. Aber in vielen Teilen der Welt vollzieht sich ähnliches täglich: Menschen fliehen aus ihren Häusern, Menschen werden »abgeholt«, Häuser werden zerbombt, zerschossen, abgebrannt. Keine Tagesschau ohne solche Bilder. Wo sind die Menschen geblieben, die dort einmal gewohnt haben? Wohin sind sie gegangen? Wohin können sie gehen? Wo leben sie? Und wie? In Wohnungen? Nein, im günstigsten Fall landen sie in Lagern, in Unterkünften – zum Beispiel in Asylantenunterkünften, die ich kaum »Heim« nennen würde, ganz gewiß sind diese Unterkünfte nichts, wovon die Insassen eines Tages wehmütig Abschied nehmen. Und ich frage mich, in was für einer Zeit wir eigentlich leben, wenn Menschen in Deutschland nicht einmal diese unsäglich armseligen vier Wände gegönnt werden.

Abschied von einer Wohnung – meistens bedeutet das auch, daß wir uns von ein paar Möbeln verabschieden. Und was wir mitnehmen, wird in der anderen Umgebung plötzlich auch ganz anders aussehen. Bei einigen Stücken werden wir vielleicht sogar überlegen: Wo stand das eigentlich früher? Das eine oder andere werden wir geradezu neu entdecken. Und, wie gesagt, von einigem werden wir uns trennen. Vielleicht weil es in die neue Wohnung nicht mehr hineinpaßt, oft aber auch, weil dies eine gute Gelegenheit ist, ein Möbel loszuwerden, das eigentlich schon lange überfällig war. Aus Bequemlichkeit, Sentimentalität oder aus Gott weiß welchen Gründen haben wir es behalten, mit durchgeschleppt, es war ja noch irgendwie nützlich, wenn auch nicht mehr sehr ansehnlich, oder es war zwar ziemlich unnütz, störte aber nicht. Jetzt ist klar: es muß weg!

Trotzdem überleben einige Dinge jeden Umzug, weil wir es einfach nicht fertigbekommen, uns von ihnen zu trennen. Und anderes wieder bleibt uns erhalten, weil es sich sozusagen unauffällig gemacht hat im Laufe der Zeit, unauffällig und einigermaßen nützlich. So ein Stück ist die Wickelkommode meiner Tochter. Diese Kommode stand zwar immer wieder auf der Ausmusterungsliste, aber mein Widerstand gegen sie war halbherzig, und schließlich gab ich zu, daß ich es aus rein sentimentalen Gründen einfach nicht fertigbekam, mich von ihr zu verabschieden. Nun fristet sie ein zweckentfremdetes Dasein als Behältnis für Plastiktüten und Schuhputzzeug. Manchmal denke ich: Auf dem Ding hat die kleine Göre gelegen und gebrüllt, weil ihr das Wickeln keinen Spaß machte. Und in den Schubladen waren alle die winzigen Babysachen sorgfältig verstaut. Es gibt sogar ein Foto, das mich an dieser Kommode in voller Aktion zeigt, das Wickelkind offenbar gnädig gestimmt. Die Kommode ist ein solides Stück, vielleicht kann meine Tochter sie ja noch mal für eigenen Bedarf gebrauchen (aber wahrscheinlich schwebt ihr dann ein ganz anderes Möbel vor).

Vom Klavier dagegen habe ich mich losgerissen, vom Klavier, auf dem niemand mehr spielte, seit Katrins Vater tot und Katrin aus dem Haus war. Ganz schnell habe ich das gemacht, ich habe den Verdacht, daß ich gar nicht erst lange darüber nachdenken wollte (das Klavier war das erste, was wir kauften, als wir eine Wohnung bekamen, an dem Klavier wurde gemeinsam musiziert, an dem Klavier machte die Tochter ihre ersten, zaghaften Fingerübungen, die allerdings zu nichts führten...). Es war einen Tag, nachdem Katrin (ohne Klavier) ausgezogen war, und ich wußte: jetzt oder nie. Also rief ich einen jungen Hobby-Pianisten aus der Verwandtschaft an, und noch am selben Abend erschien er hochbeglückt mit einem Freund. Mittels Rollbrett und Pferdetransporter beförderten sie das Möbel in ihre Bude, und das ganze Unternehmen war so komisch, daß der rechte Abschiedsschmerz bei mir nicht aufkam. Später war mir ein bißchen mulmig, wenn ich auf die Stelle sah, wo es gestanden hatte – sie wurde durch einen Schreibsekretär ausgefüllt, den ich schnell von seinem alten Platz wegnahm und der zum Glück genau dort hinpaßte. Aber ich wußte: das Instrument kam in gute und wahrscheinlich sogar begabte Hände, genau das hatte es verdient, und der, der einmal darauf gespielt hatte, würde damit einverstanden sein. Als stumme Reliquie, so fand ich, war es bei mir jedenfalls fehl am Platz.

Wegwerfgesellschaft oder nicht – was immer wir auch schnöde durch Neues ersetzen, so schnell es nur geht: immer noch neigen wir dazu, Reliquien zu sammeln (siehe Wickelkommode) und empfinden es als pietätlos, etwas ganz einfach auf den Müll zu werfen, das mit gewissen teuren Erinnerungen verknüpft ist. Manche Witwe wird sich leichter von einem Perserteppich trennen als vom ehelichen Doppelbett, dessen eine Hälfte schon lange niemand mehr ausfüllt. Wuchtig und sichtbar in die Jahre gekommen, nimmt es immer noch den größten Teil des kleinen Schlafzimmers ein. Auch ich gehöre zu denen, die jahrelang alles so ließen, wie es war. In dem riesigen französischen Luxusbett (fast gleichzeitig mit dem Klavier angeschafft) hätte ich quer liegen können, aber das wollte ich gar nicht. Doch eines Tages wollte ich, daß das Bett verschwand. Das war *nach* dem Abschied vom Klavier. Auf einmal hatte ich das Bedürfnis, an diesem Platz, in diesem Haus, wo ich aller Wahrscheinlichkeit nach bleiben würde, soviel zu erneuern, wie mir nötig schien. Und nichts, aber auch gar nichts aus Gründen der Pietät zu behalten oder wegen irgendwelcher Erinnerungen. Erinnern, das war mir plötzlich klar, würde ich mich sowieso, dazu brauchte ich keine nutzlos oder unansehnlich gewordenen Möbel-

stücke. Natürlich hing dieser Entschluß auch mit meinem neuen Alleinleben – Auszug der Tochter – zusammen. Mein Leben hatte sich verändert und würde sich weiter verändern. Je mehr Altes ich losließ, desto offener würde ich für alles Neue sein.
Genau in dieser Zeit schickte mir eine schreibende Freundin ihr neues Buch. Es hieß »Nichts mehr an seinem Platz«.

Abschied nehmen...

...von Lieblingstieren

Hörertelefon im Radio. Die Sendung ist sehr beliebt. Der Kummerkasten-Doktor versucht, Hilfestellung bei Problemen aller Art zu geben. Jetzt gerade ist eine sympathische Frauenstimme in der Leitung, schwer zu schätzen, wie alt oder jung die Anruferin sein mag. Sie werde mit dem Tod einer guten Freundin nicht fertig, erzählt sie. Nein, allein sei sie nicht, sie sei verheiratet. Aber ihr Mann bringe für ihre Trauer nicht sehr viel Verständnis auf, die Verstorbene habe ihm auch nicht so nahe gestanden wie ihr, die sie immerhin fünfzehn Jahre mit ihr gelebt habe, schon vor der Ehe.

Wer die Verstorbene war, hat die Anruferin gleich zu Beginn des Gesprächs gesagt: eine Katze. Eine Katze, mit der sie, ja, wie sollte sie es anders ausdrücken, mehr als ein Dutzend Jahre hindurch befreundet war. »Sie war wirklich wie eine Freundin für mich«, versucht sie zu erklären. Sie hört sich eigentlich ganz normal und kein bißchen exaltiert oder hysterisch an. Etwas traurig, das schon. Aber darum geht es ja auch bei ihrem Anruf: sie ist traurig, und niemand kann das verstehen. Es war doch nur ein Tier. Der Kummerkasten-Doktor macht es sich nicht so einfach, er zeigt Verständnis, und das ehrt ihn. Er nimmt die Frau – Anfang Vierzig, erfahren wir im Laufe des Gesprächs – durchaus ernst.

Freundschaft zwischen Mensch und Tier. So sicher, wie es sie gibt, so sicher wird sie auch immer wieder belächelt und bespöttelt, nämlich von all jenen, die da kategorisch erklären: »Tier muß Tier bleiben!« Will heißen, daß man sich natürlich um ein Tier kümmern müsse, das man sich ange-

schafft habe, daß man sich aber vor Gefühlsduselei hüten solle. Unerträglich, die Leute, die ihrem Köter auch noch ein Grabmal setzen: Hier ruht unser geliebter Purzel. Das ist doch einfach geschmacklos!
Gewiß, über Geschmack läßt sich streiten. Und auch ich bin der Meinung, daß Hund Hund und Katze Katze bleiben muß, daß es furchtbar ist, wenn sie nach Menschenart verkleidet werden oder als Spielzeug für Erwachsene (und Kinder!) dienen, in vielen Fällen Puppenersatz für kleine Jungen und Mädchen. Im Fernsehen lief ein leider völlig unkritischer Bericht über ein Karnevalsfest in (natürlich) Amerika mit kostümierten armen Hunden, die in Stulpenstiefelchen tapsten und durch riesige Sonnenbrillen, Hüte oder Perücken entstellt wurden. Die Besitzer und Besitzerinnen, ebenfalls im Kostüm, grinsten stolz und dümmlich in die Kamera, offenbar kam ihnen nicht einen Moment in den Sinn, wie würdelos der Auftritt ihrer Lieblinge war. Die Würde eines Tieres wird immer mißachtet und verletzt, wenn man es dem Menschen gleichzusetzen versucht, es als Mensch-Ersatz betrachtet. Der mit Pralinen gemästete fette Dackel ist ebenso seiner Würde beraubt wie der dressierte, in ein Reifröckchen gezwängte tanzende Pudel im Zirkus.
Doch es ist keine Gefühlsduselei, um ein Tier zu trauern und es lieber im eigenen Garten oder auf einem Tierfriedhof zu begraben, als es zum Abdecker (ist ja nur ein Kadaver) zu geben. Schließlich war es unser Freund! Nein, wir haben nicht Skat zusammen gespielt, sind nicht gemeinsam ins Kino gegangen, haben uns keine Klatschgeschichten erzählt, wir haben auch keine philosophischen Gespräche miteinander geführt und uns nicht um Politik gestritten. Aber wir hatten viele ruhige, gemütliche Abende, jeder auf seinem Platz, wir hatten viele erholsame und manch-

mal auch anstrengende Spaziergänge, wir hatten unseren eigenen Umgangston, wir verstanden einander, und obwohl keiner die Sprache des anderen sprach, wußten wir im Laufe der Jahre ziemlich genau, was jeder wollte oder nicht wollte. Manchmal überlisteten wir einander, tricksten uns gegenseitig aus und gaben uns hinterher entweder harmlos-unschuldsvoll oder freudig-triumphierend. Jede, die das Glück hatte, mit einem Hund oder einer Katze auf diese Weise befreundet gewesen zu sein, könnte Bände mit solchen Erlebnissen füllen. Wir hatten Respekt voreinander. Wenn wir, als der menschliche Teil, hin und wieder ein Machtwort sprechen mußten, tat das unserer Freundschaft keinen Abbruch, wir demütigten den anderen, schwächeren Teil nicht. Wir trugen die Verantwortung. Wenn wir nicht gerade auf dem Lande wohnten, weit genug draußen, um Hund und Katze gefahrlos auf die freie Wildbahn zu lassen, mußten wir Grenzen setzen. Die Leine für den Hund, Ausgangssperre für die Katze, die im Nachbargarten einen Vogel gefangen hat und auf der Abschußliste eines Katzenhassers steht. Ich kann weder Hund noch Katze mit überzeugenden Worten erklären, warum ich jetzt die Leine nehmen muß oder die Haustür geschlossen bleibt. Besonders die Katze hat etwas deprimierend Vorwurfsvolles, wie sie da an der Tür sitzt und klagend maunzt. Der Hund fügt sich der Leine, immerhin bin ich ja am anderen Ende. Und wir gehen zusammen aus.

Freund Hund ist geduldiger als Freund Kater, gibt eher nach, läßt das Unvermeidliche mit sich geschehen; man muß nur einmal einen großen Hund in einem vollen U-Bahn-Abteil beobachten, wie er gottergeben immer wieder seine Position verändert, sitzt, steht, liegt, sitzt, umgeben von rücksichtslosen Menschenbeinen, kommandiert von einem gestreßten Besitzer: »Wirst du wohl! Lieg! Sitz!« Die Katze dagegen, in einem Korb eingeschlossen, weil wir sie zum Tierarzt bringen wollen, teilt uns während der ganzen Fahrt laut klagend ihr Mißfallen und Unbehagen mit. Wie sollen wir ihr klarmachen, daß der Transport dringend nötig und anders nicht zu bewerkstelligen ist? Katzen haben sich nie restlos domestizieren lassen, noch der trägste alte Kater hat sein Quantum Unabhängigkeit und Eigenwilligkeit bewahrt, zeigt deutlich, wenn er nicht belästigt werden will, geht, wenn möglich, draußen seine eigenen Wege, von denen wir nichts wissen. Irgendwann erscheint er dann maunzend wieder und verlangt eine frisch gefüllte Futterschüssel, die er gemächlich zur Hälfte leert, bevor er zum Sofa trottet und sich neben uns plaziert. Wir dürfen ihn jetzt kraulen, aber nicht zu lange; wenn er genug hat, wechselt er den Platz. Natürlich sind wir nicht beleidigt, wir kennen das ja.

Bestimmte Verhaltensmuster wiederholen sich bei jeder Katze, bei jedem Hund. Aber dazwischen ist noch viel Spielraum! Da begegnen uns die unterschiedlichsten Temperamente und Charaktere. Die Katzen, die mein Leben bereichert haben, hatten alle ein höchst unterschiedliches Naturell. Mit Hunden, gleich, welcher Rasse, ist es nicht anders. An ihrer Charakterentwicklung ist der Mensch allerdings erheblich stärker beteiligt, siehe Pitbulls & Co. Niemand bringt es fertig, eine Katze zur mörderischen Waffe zu dressieren. Sie läßt sich im allgemeinen überhaupt nicht dressieren. Wahrscheinlich deshalb ist sie manchen Leuten so unsympathisch.

Ob wir unser Leben mit Hund oder Katze oder beiden teilen – jeder von ihnen ist ein Unikat, ein höchst selbstbewußtes, individualistisches Geschöpf, und wenn wir uns von ihm trennen müssen, sind wir traurig. Zu Recht. Der

Abschied von einem Tier kann genauso weh tun wie der von einem Menschen. Erschwert wird er noch dadurch, daß wir in vielen Fällen gezwungen werden, den Zeitpunkt des endgültigen Abschieds selbst zu bestimmen. »Es geht nicht mehr«, sagt der Tierarzt, dem wir vertrauen und der unseren Freund vielleicht schon lange kennt, »ich kann dem Tier weiter Spritzen geben, aber warum wollen Sie es noch länger leiden lassen?« Es muß also sein, wir wissen es, wir sind entschlossen, der alten Katze, dem alten Hund Qualen und Ängste zu ersparen. Aber wir fühlen uns jämmerlich. Und das Jämmerlichste ist dabei, daß wir ihm ja nicht sagen können, warum wir es tun. Wir können ihm nichts erklären, nicht um sein Einverständnis, um seine Verzeihung bitten. Schon mit den Besuchen beim Tierarzt haben wir ihm Aufregung bereitet und Schmerzen zugefügt, die wir ihm nicht erklären konnten, immerhin hatten wir da noch die Hoffnung, daß ihm geholfen werden könnte. Es tröstete uns ein bißchen, wenn wir im Wartezimmer hin und wieder auf jemanden stießen, der einen zitternden Hund streichelte und behauptete: »Er weiß, das ich es gut mit ihm meine, er spürt das.« Spürt er es wirklich? Jedenfalls ist unser Tier uns ausgeliefert, und jetzt müssen wir Herr über Leben oder Tod spielen. Wir können uns vor dieser Rolle nicht drücken. So oder so müssen wir uns entscheiden. Wenn wir uns für den Tod entscheiden, fühlen wir uns wie Verräter, und wenn wir beschließen, zu warten, das schmerzhafte Ende hinauszuzögern, wie Feiglinge. Der schwerkranke, große alte Hund von Freunden wird seit Jahren (!) mit Medikamenten und Spritzen am Leben gehalten. Zur Nacht braucht er ein Schlafmittel. Wenn der Fahrstuhl im Haus einmal nicht funktioniert, muß das schwere Tier drei Treppen hinunter- und hinaufgetragen werden. Es muß ständig jemand von der Familie bei ihm sein, allein gelassen oder von Bekannten eingehütet, jault er stundenlang. Er hört und sieht und riecht fast nichts mehr und kann sich nur unter Schmerzen bewegen. Aber sie bringen es nicht übers Herz, ihn sterben zu lassen. Die Verantwortung für den Abschied zu übernehmen. Ich kann sie verstehen, wie jeder, der mehr als einmal mit so einem Todeskandidaten im Wartezimmer des Tierarztes gesessen hat, wissend, daß dieser Besuch der letzte ist.

Es fällt uns schon schwer genug, von einem Tier Abschied zu nehmen, das wir, aus welchen Gründen auch immer, nicht mehr bei uns haben können und in andere Hände geben müssen. Wieder dieses Gefühl von Hilflosigkeit: Wenn wir es ihm doch klarmachen könnten! Ganz einfach sagen: »Hör mal, der Arzt hat leider festgestellt, daß meine Allergie von Katzenhaaren kommt. Was sollen wir machen? Ich verspreche dir, du wirst es gut haben, ich kenne die Familie, sie werden dich alle lieben. Bitte, versteh mich, ich liebe dich ja auch!« Doch die Katze hat sich bei der neuen Familie, die sie ganz bestimmt lieben wird, erst einmal unterm Bett verkrochen, unter dem sie so bald nicht wieder vorkommen wird. Unser Abschied ist einseitig. Wir fühlen uns miserabel.

Und da gibt es den Hund, der ans freie Landleben gewöhnt ist und dem eine Stadtwohnung nicht zugemutet werden kann. Er ist zum Glück noch jung und wird den Abschied von uns verschmerzen, zumal er zu Leuten kommt, die er schon kennt. Trotzdem bricht es uns fast das Herz. Hätten wir es in der neuen Wohnung nicht doch wenigstens mit ihm versuchen können? Aber wir kennen ihn zu gut, es würde nicht klappen, und wenn, würde es ihm dabei nicht mehr gutgehen. Wenn wir den Hund dann ein halbes Jahr später wiedersehen und er uns zwar fröhlich begrüßt, aber keinerlei Entzugserscheinungen zeigt, sind wir erleichtert, aber auch ein bißchen enttäuscht. Schön, daß er uns offenbar nicht vermißt. Uns allerdings fehlt er immer noch. Na ja, er ist halt jung, da gewöhnt er sich schnell um. Das Beispiel zeigt: Wer jung ist, übersteht Trennungen leichter. Klingt vielleicht etwas pauschal, stimmt aber im allgemeinen. Alte Bäume dagegen soll man nicht verpflanzen, heißt es, ebenfalls recht pauschal. Gemeint sind alte Menschen. Und was ist mit alten Tieren? Wohin mit ihnen, wenn ihre Menschen ins Altenheim ziehen? Bisher wurde da in den meisten Fällen kurzer Prozeß gemacht. Es war ja schon schwierig genug, die alten Menschen irgendwo unterzubringen, für ihre ebenfalls alten Tiere gab es auf dieser Welt keinen Platz mehr. Da hat sich nun, wie man hört, einiges geändert. Inzwischen dürfen Haustiere mit ins Heim genommen werden, wenn das räumlich möglich ist. Daß Tiere ein Stück Therapie sein können, hat sich auch in Deutschland herumgesprochen. Fragt sich nur, wie das dann in der Praxis aussieht und ob alle Beteiligten wirklich mitspielen. Nicht alle Altenheimbewohner sind Tierliebhaber oder tolerant genug, Tiere in ihrem Umkreis zu dulden. Und ob das ohnehin überlastete Pflegepersonal immer so begeistert sein wird, bleibt abzuwarten. Aber alle sollten alles daransetzen, es möglich zu machen. Einem alleinstehenden alten Menschen den letzten ihm verbliebenen Freund wegzunehmen ist eine unglaubliche Grausamkeit. Wenn es möglich ist, sollte man den Alten wenigstens diesen Abschied ersparen.

Immer mal wieder taucht in den Zeitungen die Meldung auf, daß Hunde oder Katzen Hunderte von Kilometern zurücklegten, um ihre Menschen wiederzufinden. Und sie fanden sie! Sie akzeptierten den Abschied nicht, den man ihnen gegeben hatte. Sie wollten dorthin zurück, wohin sie ihrem Instinkt nach gehörten, und dieser Instinkt leitete sie. Mit wunden Pfoten kamen sie am Ziel an. Leider erfährt man nie, wie diese Stories weitergehen, liest nur, daß der ausgemergelte Struppi, die völlig erschöpfte Minka mit Tränen der Rührung ans Herz gedrückt wurden. Aber wenn die Wiedersehensfreude abgeklungen ist? Man hat sich schließlich nicht grundlos von seinem Tier getrennt...

Es gibt ein ungeheuer sentimentales Gedicht von Chamisso (1781 bis 1838). Ich glaube, es beginnt:

> »Schau ich in die tiefste Ferne
> meiner Kinderzeit hinab,
> steigt mit Vater und mit Mutter
> auch ein Hund aus seinem Grab.«

Dieser Hund, Lieblingskamerad des kleinen Jungen, wird wegen irgendwelcher Missetaten aus dem Haus gegeben. Das Kind ist untröstlich, der Hund offenbar auch. Eines Tages steht er schweifwedelnd wieder vor der Tür, und die Eltern bringen es zunächst nicht fertig, ihn davonzujagen. Doch das Glück dauert nicht lange,

> »...denn obgleich er mit ins Bette durfte,
> ach, ich bat so sehr,
> war er morgens doch verschwunden
> und ich sah ihn niemals mehr.
> Ward an eine Eisenkette er gelegt
> von seinem Herrn,
> oder ob sein Los noch härter, weiß ich nicht,
> doch blieb er fern.«

Der arme Hund! Der arme Junge! In erster Linie aber doch: der arme Hund. Immerhin, dieses Erlebnis muß den kleinen Chamisso so beeindruckt haben, daß er als Erwachsener ein Gedicht darüber schrieb. Mit Herzblut! Wir wissen nicht, wie viele Hunde der Herr von Chamisso später noch gehabt hat. Aber es wird ihm wahrscheinlich ähnlich ergangen sein wie unsereinem: Nach dem Verlust eines Tieres schwören wir uns, daß wir nie wieder eines haben wollen. Weder Hund noch Katze, nicht einmal Goldhamster, höchstens Guppys. Wir haben es satt, noch einmal zu leiden, wenn wir uns von unserem Hausgenossen und Freund trennen müssen.

Solche Schwüre hält man natürlich nicht. Sie sind ebenso wenig ernst zu nehmen wie das »never again« nach einer enttäuschten Liebesaffäre. Auch Tierliebe ist schließlich Liebe. Irgendwo wartet die nächste Katze, der nächste Hund auf unsere Fürsorge und Freundschaft. Soll man sich davor einfach verschließen? Nachdem ich meinen alten Kater im Garten beerdigt hatte, verschaffte sich ein dicker gelber Kater aus der Nachbarschaft bei jeder Gelegenheit Zutritt ins Haus. Er war noch zu Lebzeiten seines schwarzen Rivalen öfter bei mir aufgetaucht – vorsichtig, zunächst zurückhaltend, später, nachdem er gemerkt hatte, daß er, wenn auch widerwillig, geduldet wurde, benahm er sich dreister. Bei allzu großer Aufdringlichkeit holte er sich Watschen. Aber dann! Zuerst konnte er es kaum fassen, daß das Revier nicht mehr besetzt war. Mißtrauisch schlich er sich an. Dann ergriff er Besitz. Und irgendwann war ich es leid, ihn vor die Tür zu setzen, wenn seine Besuche sich zu lange hinzogen. Er kam ja doch wieder. Also durfte er bleiben. Zum Glück nahmen seine wahren Besitzer, mit einer Zweitkatze versehen, seine Entscheidung wohlwollend hin. Sie respektierten sie. Er muß lange gewartet haben, daß die Stelle bei mir frei wurde.

Auch für die traurige Anruferin vom Hörerradio wird es wieder eine Katze geben. Nicht weil »nur ein Tier« ja schnell und schmerzlos zu ersetzen ist. Von Ersatz kann

überhaupt in diesem Zusammenhang nie die Rede sein. Wer Tiere »ersetzt« wie kaputte Kühlschränke und Waschmaschinen, hat eine Roboterseele. Solche Leute trennen sich von ihren Haustieren durch Entsorgung besonderer Art – sie setzen sie an der Autobahn aus oder werfen sie, in einen Karton verschnürt, auf den Müll.
Die traurige Anruferin wird, auf diese oder jene geheimnisvolle Weise, irgendwann wieder an eine Katze geraten, gerade weil sie keinen »Ersatz« will. Aber was passiert, wenn ihr morgen jemand eine Katze bringt, die offenbar dringend ein Zuhause sucht? Oder wenn, wie mir geschah, ausgerechnet am Silvesterabend ein heimatloser Kater vor der Tür steht, der vor herumschwirrenden Feuerwerksraketen geschützt werden muß? Es gibt viele Möglichkeiten, von Hund oder Katze vereinnahmt zu werden. Wer sich einmal auf dieses Spiel eingelassen hat, kann nicht mehr aufhören. Auch wenn wir wissen, daß früher oder später Abschied genommen werden muß.

Abschied nehmen...

...von den Ferien

Katrin, damals sieben, schluchzte zum Gotterbarmen, als wir nach drei Wochen Ferien Bad Harzburg verließen. Sie winkte noch durch das Rückfenster des Autos, als die Stadtgrenze schon längst hinter uns lag. Und sie ließ sich nur sehr zögernd durch unsere Versicherung trösten, im nächsten Jahr kämen wir bestimmt wieder.
Wir kamen nicht wieder.
Dabei hatten wir den nächsten Urlaub in Harzburg schon so gut wie geplant. Aus vielen, nicht sehr angenehmen Gründen wurde nichts daraus. Katrins tränenreicher Abschied hatte durchaus seine Berechtigung gehabt.
Ähnliches habe ich öfter erlebt. Da war dieses zauberhafte alte Hotel in Altaussee, steirisches Salzkammergut, wo wir uns sechs Jahre hintereinander gleich bei der Abreise wieder fürs kommende Jahr buchen ließen. Ich tat das freilich immer mit einer dumpfen, abergläubischen Furcht, die ich vor mir selbst nicht zugeben mochte. Etwas ein Jahr im voraus planen, beschwor man damit nicht geradezu des Geschickes Mächte herauf? Immerhin, es klappte sechsmal. Das siebente Mal – ja ja, die magische Zahl Sieben! – ging es schief. Das Hotel schloß. Wir kriegten eine bedauernde Absage – und haben Altaussee, das immer noch geliebte, seither nicht wiedergesehen. Eins kam zum anderen, wir hatten Gründe. Natürlich, niemand hinderte uns daran, wieder nach Altaussee zu fahren, Hotels gibt es genug. Aber, und ich glaube, das ist der entscheidende Punkt, nichts wird mehr so sein, wie es war, auch wenn der See und die Berge sich nicht verändert haben. *Wir* haben uns verändert, und so würden wir unser Traumziel im

Salzkammergut auf einmal mit anderen Augen sehen. Nein, ich glaube, ich will tatsächlich nicht mehr dorthin. Ich habe mich von diesem Ort verabschiedet – irgendwann, zu irgendeinem Zeitpunkt, den ich nicht mehr weiß. Klar ist mir nur, daß Altaussee in ein abgeschlossenes, beendetes Kapitel meines Lebens gehörte. Wie Harzburg. Wie die kleine grüne Nordseeinsel Föhr, die auch ein paar Jahre auf unserem Programm stand, Ferienwohnung mit Blick auf eine alte Mühle, fest gebucht von Sommer zu Sommer. Aber dann wurde das Haus verkauft, und der neue Besitzer vermietete nicht mehr an Feriengäste. Abschied von Föhr. Wieder mal frommer Selbstbetrug: Wir werden uns im nächsten Jahr rechtzeitig nach etwas Neuem dort umschauen. Aber daraus wurde nichts, wiederum aus mehr als einem Grund. Ein abgeschlossenes Kapitel. Ein endgültiger Abschied.
Ein anderer Ort, sehr viel weiter entfernt als Nordsee und Salzkammergut, taucht noch oft in meinen Tag- und Nachtträumen auf. Die seltsam abgerundeten, wie mit Samt bezogenen Hügelketten der Rancho Rajneesh in Oregon, eine Wüstenlandschaft mit hier und da überraschend eingestreutem Grün und aus dem verkarsteten Boden gezauberten Seen, zeltartige Holzhäuser, die sich der graubraungrünen Landschaft wie gewachsen anpassen. 1985 mußte aufgegeben werden, was mit ebensoviel Mühe wie Liebe gepflanzt, gebaut, kultiviert worden war. Jetzt steht das alles leer. Einmal vor langer Zeit war dieses Gebiet, fünf, sechs Autostunden von Portland entfernt, Indianerland. Ein magisches Gebiet, ganz gewiß. Und ich denke: Irgendwann wird dort wieder etwas geschehen. Aber dann wird alles anders sein als damals, als ich nach zwei heißen Sommer-Ferienwochen die Ranch verließ und schmerzhaft deutlich spürte: Das ist ein Abschied für immer. Das sehe

ich nicht wieder. Freilich, in diesem Fall bedeutete es kein abgeschlossenes Kapitel für mich. Es war nur ein Ortswechsel. Doch von Orten mit solcher magischen Ausstrahlung trennt man sich nie ganz.
Ein bißchen Magie ist immer dabei. Alle Ferienorte, an die wir bis zu einem Tag X immer wieder zurückkehren, verzaubern uns. Sicher, es ist der Strand, es sind die Dünen, das Meer, der endlose Himmel oder die Wiesen, die Berge, die Seen, die romantischen Wanderwege, die uns so entzückt haben, daß wir das alles unbedingt im nächsten Jahr wiedersehen möchten. Doch es ist nicht nur das! Es ist eine Stimmung, eine Befindlichkeit, eine besondere Atmosphäre, die wir noch einmal erleben wollen, etwas eigentlich Unwiederbringliches, Unwiederholbares. Doch da beginnt die Magie – unser Traum erfüllt sich. Kaum haben wir den Fuß auf die Schwelle der kleinen Pension, des gar nicht so komfortablen Hotels gesetzt, spüren wir: hier sind wir sofort wieder auf unerklärliche Weise zu Hause. Und der Weg um den See, die Kletterpartie durch die Dünen, der windbewegte Spaziergang am Strand, alles das ist uns wohltuend vertraut, und nicht nur, weil wir eben nicht zum ersten Mal hier sind. Wahrscheinlich bist du in einem früheren Leben schon einmal hier gewesen, meinen Leute, die so etwas für möglich halten. Vielleicht. Aber warum läßt die magische Anziehungskraft dann eines Tages nach? Warum kommt es dazu, daß wir uns schließlich doch verabschieden von Seen und Meer, Strand und Bergen, Wiesen und Himmel? Wirklich nur, weil die Ferienwohnung im nächsten Jahr nicht mehr zu haben ist oder das Hotel schließt? Das wäre zu einfach. Eher schon, weil innerhalb eines langen Jahres Dinge geschehen sind, die uns verändert haben; Kinder gehen aus dem Haus, planen nun ihr Eigenes, Partner verlassen uns, wir müssen unser Leben

neu einrichten, natürlich steht es uns frei, an diesen ganz bestimmten Platz am Meer oder im Gebirge zurückzukommen, aber nach der Magie des Ortes werden wir vergeblich suchen, die Entzauberung hat heimlich stattgefunden, und der Weg durch die Düne wird sein wie jeder Weg durch jede Düne. Wir finden die Stimmung nicht mehr, die Atmosphäre ist eine andere, weil unser Lebensrhythmus ein anderer geworden ist.

Und dann kommt die nächste Reise, irgendwann, irgendwohin. Das Ziel ist uns noch unbekannt, jemand hat uns gesagt: Also da müßt ihr hin, das ist wunderbar, ich kenne es gut, bin dort schon seit Jahren... Das wiederum kommt uns bekannt vor. Jedenfalls, wir folgen dem Tip, finden uns an einem verregneten oder glühendheißen Sommerferientag an einem Platz wieder, der uns schon auf den ersten Blick enttäuscht oder begeistert. Wir machen es uns in einer kleinen Pension, einer Ferienwohnung oder einem Hotel so bequem wie möglich, und das Abenteuer beginnt.

Es ist immer ein Abenteuer, auch wenn wir davon überzeugt sind, daß es dafür nicht die geringsten Anzeichen gibt. Sehr schnell wird sich zeigen, daß auch dieser Ort, gemocht oder nicht, seine heimliche Magie hat. Natürlich sind uns rauschende Wälder nicht unbekannt, aber *diese* Wälder rauschen anders. Oder: Hier sieht das Meer viel dunkler und gewaltiger aus, als wir es kennen. Der Himmel ist anders, der Wind hört nie auf. So ging es mir, als ich an der äußersten Spitze von Dänemark landete, dort, wo sich Ost- und Nordsee guten Tag sagen. Den ganzen Tag wehte und stürmte der Wind, war der endlose Himmel durchpflügt von gigantischen Wolkenformationen, stiegen, wirklich von morgens bis abends, Lerchen in die Luft. An manchen Tagen mußte ich mich am Strand gegen den Sturm anstemmen wie gegen eine Mauer. Eine Freundin, die kurze Zeit zu Besuch kam, meinte: »Eigentlich ist diese Gegend nicht dafür gedacht, daß dort Menschen leben.« Ich fand, da war was dran. Jedenfalls war es kein Ort, der durch Lieblichkeit zum Wiederkommen verführte. Wer hier die Stille suchte, stellte überrascht fest: Es gab sie zwar, aber sie war alles andere als lautlos. Dafür sorgte der Wind mit sämtlichen Klangfarben eines üppig besetzten Symphonieorchesters. Dazu das Meer. Die Lerchen. Am Ende dieser Ferien fühlte ich mich vollkommen durchgerauscht. Es hatte Tage gegeben, wo ich trotz strahlenden Sonnenscheins (bei immerwährendem Wind) gedacht hatte: Lange halte ich das nicht mehr aus. Es ist einfach von allem etwas zuviel.

Doch dann kam der letzte Spaziergang in den Dünen, der letzte Weg den Strand entlang, der letzte Abendausflug zum Kikkerbakken, dem Holzturm auf einem Hügel, von dem aus der Sonnenuntergang überm Meer so unvergleichlich war. Nein, ich faßte an diesem letzten Tag durchaus nicht den Entschluß, ganz bestimmt im nächsten Jahr wiederzukommen. Ich hatte die Magie dieser Landschaft sehr wohl und sehr stark, vielleicht zu stark, gespürt, ich war durchgepustet, durchgerauscht, durchgeschüttelt worden. Es fiel mir nicht schwer, wieder abzureisen, ich war fast erleichtert. Es war wie der Abschied von einem allzu besitzergreifenden, wenn auch faszinierenden Menschen. Fabelhaft, mit ihm zusammengewesen zu sein, ein wirklich einmaliges Erlebnis. Doch bitte nicht zu oft! Auf diese Weise habe ich mich – bei Sturm und prasselndem Regen und einem Himmel in allen Höllenfarben – von Gammelskagen verabschiedet. Und ebenso, wie man sich immer wieder an einen besitzergreifenden, aber faszinierenden Menschen erinnert, denke ich noch oft an diese Landschaft, an diesen Himmel, dieses Meer, diesen Sturm,

diese mondgebirgigen Dünen. Ein Wiedersehen ist nicht geplant. Aber was sagt das schon...
Ich komme ganz bestimmt nicht wieder. Ich komme ganz bestimmt wieder. Wer weiß das schon? Nur eines scheint gewiß: Morgen bin ich nicht mehr die, die ich heute bin. Was immer ich jetzt sehe, ich werde es beim nächsten Mal mit anderen Augen sehen. Auch der geliebte Ferienplatz, der jahrelang mein ersehntes Reiseziel war, hat jedes Jahr anders ausgesehen. Tatsächlich, jede dieser Lieblingslandschaften, jeder dieser Lieblingsorte schien sich meinen Stimmungen, meiner seelischen Verfassung anzupassen. Es war der vertraute Platz und war es auch nicht. Noch tat seine Magie ihre Wirkung. Und doch fand Jahr für Jahr ein kleiner, unbemerkter Abschied statt. Wenn man genau hinsah, besser, hinfühlte, merkte man gerade hier, wo Berge, Seen, Meer unverändert blieben, das eigene, ständige Sichverändern – vielleicht auch das Älterwerden.
Solche psychologischen Finessen lassen sich die Jedes-Jahr-woandershin-Reisenden natürlich entgehen. Zack zack! haben sie, vielleicht erst in letzter Minute, Flug und Hotel in Tunis, auf Teneriffa, in Portugal gebucht, lassen wir uns überraschen, sagen sie, und das tun sie auch; wenn ihnen Ort, Hotel, Strand, Einwohner und Feriengäste nicht behagen, zucken sie mit den Schultern und versuchen, noch das Beste aus dem Reinfall zu machen. Nächstes Jahr geht es dann eben woanders hin, kein Problem. Aber seltsam: Obwohl das Hotel viel weniger luxuriös war, als der großsprecherische Prospekt behauptete, der Strand reichlich steinig und das Wetter unbeständig, kommt am Ende der Ferien auch bei den Schnellentschlossenen etwas wie leise Abschiedswehmut auf. Ja, und wer wird sich nun um die scheuen, immer hungrigen Katzen kümmern, die sich jeden Tag pünktlich auf der Terrasse einstellten und

gefüttert zu werden wünschten? Die Saison ist fast vorüber, vielleicht kommen keine neuen Gäste, vielleicht sind die nächsten, wenn es sie denn überhaupt noch gibt, weniger katzenfreundlich... Und der Strand war ja doch schön, trotz der vielen Steine, und dann gab es diese wirklich urige und gemütliche Kneipe am kleinen Hafen, wo der Wein noch einigermaßen billig und das Essen gut war... Am letzten Tag vor der Abreise überwiegen auf einmal die Pluspunkte. Nein, wiederkommen wollen wir ganz sicher (?) nicht, aber so leicht verabschieden wir uns nicht von hier...
Wieder ist Magie im Spiel. Plötzlich hält uns etwas fest. Nein, *wir* wollen etwas festhalten. Diese Ferien sind vorbei, unwiederbringlich, ist es das? Wir fragen uns, wo die Zeit geblieben ist. Drei Wochen, vier Wochen – eigentlich lang genug zum Ausspannen, Erholen, Kraftschöpfen. Aber vor den gepackten Koffern schrumpft die Zeit. Wir sind doch eben erst angekommen. Haben uns gerade erst eingewöhnt. Und schon müssen wir weiter. Das ist es: dieses Weitermüssen. Könnte es nicht wenigstens mal für eine klitzekleine Weile ein bißchen, nur ein bißchen Stillstand geben? Das Spielchen wird sich im nächsten Jahr, wo immer wir auch hinreisen, wiederholen.
Nicht nur mehr oder weniger romantische Küsten und verträumte Gebirgsdörfer machen uns den Abschied schwer. Nachdem Städtereisen in Mode gekommen sind und man drei Tage Paris, Kopenhagen, London oder Rom sozusagen als Paket bei jedem Reisebüro buchen kann, schließt man leicht Bekanntschaft mit einer Weltstadt, die man bisher nur in Filmen bewunderte. Manchmal wird aus so einer flüchtigen Bekanntschaft dann eine Liebesbeziehung. Da haben wir einen Tag Venedig (»Morgens hin, abends zurück«) gebucht, und schon hat es uns erwischt. Während

unsere Mitreisenden mehr fotografierten als wirklich sahen, entdeckten wir es. Einmal Venedig, immer Venedig, und jeder Abschied bricht uns fast das Herz. Bei mir war es nicht Venedig, bei mir war es London. Ja, ich weiß, London ist laut, dreckig, kriminell, teuer. Und ich liebe es. Laufe mir die Hacken ab in Museen und auf Straßen, die vollgestopft sind mit Menschen aller Hautfarben, jeden Alters, reich, arm, schick, schäbig, punkig, flippig. Renne durch Kaufhäuser, verrückte Boutiquen, gucke in Läden, nicht, um etwas zu kaufen, nur des Spaßes halber. Zwänge mich abends auf einen der unbequemen altmodischen Klappsitze irgendeines Theaters, um ein Musical zu sehen, das nicht von Andrew Lloyd Webber ist (oder manchmal doch) und bestimmt nie nach Deutschland kommt. Spät sinke ich dann ebenso erschöpft wie beglückt in mein Hotelbett. Mein Gott, ist das schön, und hab ich es nicht gut? Selbstverständlich kommt auch noch der Hydepark dran, und mit der ratternden U-Bahn fahre ich irgendwo nach außerhalb, die District-Line führt mich nach Kew Gardens in einen der größten botanischen Gärten der Welt, oder ich steige in die Northern-Line Richtung Hampstead, um den berühmten Highgate-Friedhof mit seinen Gräberdschungeln zu durchwandern.

Das alles liebe ich, drei Tage lang, weil ich es mit *meinen* Augen sehe. Für andere wird diese Riesenstadt nur eine Ansammlung von unerträglichem Lärm, Gewühl und Schmutz sein. Mich aber versetzt London in die glücklichste aller Ferienstimmungen seit nunmehr zehn Jahren, und das hängt natürlich damit zusammen, daß die Tochter mitreist, die mein Entzücken teilt und auch über Pannen nicht mault: wenn wir uns beim Ausflug nach Richmond verlaufen und bei Sonnenglut auf ein Stück

Stadtautobahn geraten oder wenn das nett aufgeputzte italienische Lokal in Soho ziemlich Ungenießbares auftischt.

Jeder Abschied von London ist für mich ein Trauerspiel. Jedesmal denke ich: Nur noch eine einzige Woche hierbleiben! Und weiß genau, daß es eben diese drei Tage sind, die ihre ganz besondere Magie haben. Und weiß ebenso genau, daß es nächstes Mal (es *muß* einfach ein nächstes Mal geben!) wieder anders sein wird, auch Glücksgefühle verändern sich, so, wie wir uns verändert haben in diesen zehn Jahren. Beim ersten Mal war die Tochter ja noch fast ein Kind, ein ganz junges Mädchen, das brav zur Schule ging und schon damals viel besser Englisch sprach als die Mutter. Inzwischen mache ich meinen London-Trip mit einer Studentin, die das Mutterhaus verlassen hat und, recht so, ihre eigenen Wege geht. Doch London führt uns wieder zusammen. London ist unser geheimer Mutter-Tochter-Treff, mit zehn Jahre alten Riten, die so selbstverständlich geworden sind, daß darüber gar nicht mehr gesprochen wird. Ist es ein Wunder, daß jeder Abschied ans Herz geht? Daß die Zauberformel: »Nächstes Jahr kommen wir bestimmt wieder!« nur ein schwacher Trost ist? Nächstes Jahr studiert die Tochter vielleicht schon in Amerika. Und ich werde ja auch nicht jünger. Und überhaupt. So wie dieses Mal wird es nie wieder.

Ob wir uns von London, Paris, Venedig, Rom oder einem idyllischen Platz am Meer verabschieden – die Ungewißheit des Wiederkommens macht uns den Abschied schwer. Vielleicht denken wir darüber gar nicht gleich nach, vielleicht ist es nur so eine Empfindung am Rande, ein vages Gefühl, denn vordergründig finden wir es natürlich zunächst einmal schade, daß die Ferien zu Ende sind, daß der Kurzurlaub wirklich nur kurz war, daß wir den Sonnenschein am Meer (oder im Gebirge) nun gegen Nieselregen und Herbstkälte eintauschen müssen.

Aus den »großen« Ferien bringen wir wenigstens Andenken mit. Wieder zu Hause angekommen, schütten wir die liebevoll gesammelten Muscheln oder Steine auf dem Tisch aus. Da liegt der ganze Kram nun, etwas sandig und eigentlich nicht mehr ganz so schön wie damals, als wir unsere Schätze am Strand fanden. Damals? Es ist doch erst ein paar Tage her. Aber schon ziemlich weit weg. Tja, das Leben geht weiter, und der Alltag hat uns wieder voll in Besitz genommen.

Aber nächstes Jahr kommen wir ja bestimmt wieder.

Abschied nehmen...

...von den Twenties

So lange ist das noch nicht her, da sah eine Frau mit dreißig schon ziemlich alt aus. »Mode für die Frau ab dreißig« war ein beliebtes Thema in den einschlägigen Zeitschriften: Von nun an sollten sich die Damen doch, bitte, ein bißchen mehr zurückhalten, was Farben und Schnitte betraf. Heute würde eine Moderedakteurin, die ihren Leserinnen derartiges zu empfehlen wagte, im günstigsten Fall das Ressort wechseln müssen. Das Thema ist vom Tisch. In Sachen Mode läßt sich keine Frau, gleich welchen Alters, heute noch irgend etwas von irgend jemandem vorschreiben.
Sie ist noch jung, die Dreißigjährige. Daß sich diese Erkenntnis allgemein durchgesetzt hat, darf mal vorausgesetzt werden. Und doch behaupte ich, daß der dreißigste Geburtstag etwas Besonderes ist. Bedeutsamer als alle Null-Geburtstage, die noch kommen werden, bedeutsamer auch als der zwanzigste, mit dem sich die Teenagerzeit verabschiedete. Schon dieser Geburtstag hatte allerdings ein bißchen Nachdenklichkeit verdient, er war wirklich Auftakt zu einem neuen Lebensabschnitt. Für viele bedeutete er den Eintritt in die Berufsausbildung, das Studium, die Jobsuche, bedeutete auch, das Elternhaus zu verlassen, selbständig zu werden, Verantwortung zu übernehmen. Zwanzigjährige wissen schon ganz gut, was sie hinter sich lassen, wenn die Teeny-Zeit vorüber ist. Bald werden sie nachsichtig lächeln über Schulstreß und Tanzstundenflirts und selbstverständlich über elterliche Gebote wie »Um Mitternacht bist du gefälligst wieder zu Hause!«
Mit dreißig ist das alles die reine Historie. Einen Tag vor

ihrem Geburtstag sollte die Neunundzwanzigjährige sich einen möglichst ehrlichen Rückblick auf die vergangenen zwanzig Jahre – oder wenigstens auf die letzten zehn – erlauben. Immerhin, jetzt hat sie die dritte Null geschafft. Vielleicht fühlt sie sich in diesem Moment wie eine Bergwanderin, die eine Ruhepause einlegt und beim Blick ins Tal staunt: eine ordentliche Strecke hat sie da zurücklegt! Wahrscheinlich wird sie dann feststellen, daß dabei ganz beachtliche Durststrecken zu überwinden waren. Auch in der scheinbar so locker-flockig-heiteren Teenagerzeit gab es Ängste und Kummer, Probleme, Depressionen. Sie kann jetzt gut darüber lächeln, aber damals setzte ihr einiges ganz schön zu. Es schadet gar nichts, wenn sie diese längst vergangenen Gefühle auch heute noch ernst nimmt, denn ganz sicher hat sie sich in jener Zeit ein paar Schrammen geholt, die Narben hinterlassen haben, auch wenn sie das jetzt noch gar nicht merkt. Nein, die Durst- und Kummerstrecken sollten bei einem solchen Rückblick nicht unterschlagen werden. Schließlich haben gerade sie nicht unwesentlich dazu beigetragen, daß sie so geworden ist, wie sie jetzt ist, die Beinahe-Dreißigerin.
Und wie ist sie? Wie wird sie sein?
Ja, das wird sich zeigen. Und das ist das Spannende am dreißigsten Geburtstag. Die vergangenen zwanzig Jahre haben ihre Spuren hinterlassen, mehr in ihrer Seele als auf ihrem Gesicht, haben sie geprägt, haben sie vorbereitet auf Kommendes. Jetzt liegt es an ihr, etwas aus dem zu machen, was vorhanden ist. Jetzt ist sie wirklich für sich verantwortlich.
Erinnert sie sich noch an ihren zehnten Geburtstag, als sie so stolz war, daß es endlich ein zweistelliger war, mit einer runden Null? Natürlich erinnert sie sich, erinnert sich sehr genau an ihre Kinderzeit, von irgendeinem Tag X an erin-

nert sie sich, weiß, ob sie glücklich, ängstlich, behütet, verwöhnt oder eher streng gehalten war, ob sie sich geliebt oder vernachlässigt fühlte. Begonnen hatte alles natürlich schon sehr viel früher, bevor sie Erlebnisse und Ereignisse bewußt wahrnahm, doch von der Babyzeit weiß sie ja nichts mehr. Aber alles, was in dieser Zeit mit ihr geschehen ist, hat Prägungen hinterlassen. Zwanzig Jahre Vergangenheit, läppisch, gemessen an der Ewigkeit. Aber schau dir das mal an, wenn du an der Schwelle zur Dreißig stehst! Da kommt eine Menge zusammen. Die Noch-Neunundzwanzigjährige kann es kaum glauben, wenn sie sich zurückbesinnt. Also sind zwanzig Jahre doch nicht so läppisch. Ein beachtlicher Teil ihres Lebens. Und sie ist immer noch jung! Das ist das Aufregendste: sie ist jung, aber nicht mehr *zu* jung, nicht mehr im Stadium des unsicheren Hin- und Hertastens, des Ausprobierens, der Trotzphasen gegen sich selbst. Zwanzig Jahre ist sie auf freier Wildbahn herumgaloppiert und hat dabei mal die, mal jene Richtung eingeschlagen. Jetzt nähert sie sich dem Punkt, an dem sie wissen möchte, wo es langgehen soll. Mit dreißig hat sie eine Wendemarke erreicht. Es ist noch nicht zu spät, etwas Neues anzufangen, aber sie sollte nicht mehr allzulange warten. Nicht weil sie mit vierzig für Neues doch zu alt wäre, sondern weil sie Gefahr läuft, träge zu werden, Gegebenes hinzunehmen als unabänderlich, sich, alles in allem, zu fügen – eigentlich geht's ihr doch ganz gut, wozu sich anstrengen? Aber nur wenig im Leben ist tatsächlich unabänderlich. Es braucht nur manchmal Mut, den Absprung zu riskieren. Dreißig ist eine ideale Zeit dafür.

Auch, ja gerade dann, wenn sie glaubt, ihr Leben sei nun eigentlich gelaufen, nun hätte sie ja schließlich Mann und Kinder oder einen Beruf oder beides. Sie meint, mehr könnte sie ja wohl nicht verlangen oder erwarten vom Leben. Was bringt es, fragt sie sich, das alles auf einmal in Frage zu stellen? Nun, sie muß es vielleicht nicht in Frage stellen, aber es wäre nützlich, zu prüfen, ob sie nicht doch noch andere Wünsche und Ansprüche ans Leben hat. Ob da nicht Sehnsüchte sind, die sie sich bisher nicht eingestehen mochte, aus vielen Gründen, möglicherweise aus dem ganz simplen, daß für solche Überlegungen einfach keine Zeit war. Die Kinder. Der Haushalt. Der Job. Wenn sie's recht bedenkt, ist sie in den letzten zwanzig Jahren unaufhörlich gefordert worden. Erst von den Eltern und Lehrern, dann in der Berufsausbildung, dann in der Ehe, im Beruf. Alle haben etwas von ihr gewollt, und sie hat sich gehorsam danach gerichtet, war eine gute Tochter, ein guter Lehrling, eine gute Studentin, eine gute Ehefrau, eine gute Mutter. Irgendwann müßte ich doch mal Luft holen, denkt sie. Völlig richtig. Der dreißigste Geburtstag ist wie geschaffen für solche Atemübungen.

Zwischen zwei tiefen Atemzügen sollte sie sich fragen: Wo stehe ich? Wer bin ich? Was will ich? Wenn die Antwort lautet: Ich bin genau dort, wohin ich wollte! – sollte sie eher stutzig werden. Wir bleiben bekanntlich nie dort, wo wir meinen, angekommen zu sein. Wir verändern uns, und früher oder später verändert sich damit unser Leben. Und wir wissen das. Die Familienmutter ist sich darüber klar, daß ihr Haus eines Tages ziemlich leer sein wird. Wer einen Job hat, kann ihn verlieren oder ihn aus eigenem Antrieb wechseln wollen. Der indische Mystiker Osho sagte zu seinen Schülern: »Ich sage nicht, daß du ankommen wirst. Ich sage nur, daß es einen Ort, wo man ankommen kann, gar nicht gibt. Und daß du, überall wo du hinkommst, in Bewegung sein wirst...« Wir dürfen das getrost auch auf *unser* Leben beziehen. Wenn wir das tun, wird uns nichts mehr so selbstverständlich und unveränderlich erscheinen, wie

wir bisher dachten. Das gilt auch für die Dreißigerin, die ihr Leben so ziemlich nach Belieben eingerichtet hat. Nicht, daß sie jetzt schleunigst darangehen müßte, etwas zu verändern, aber die Veränderung wird allmählich ganz von selbst eintreten. Darauf sollte sie vorbereitet sein, das ist alles. Der dreißigste Geburtstag, gerade wenn sie ihn in Zufriedenheit und Harmonie feiert, ist gut für solche Überlegungen. Sie muß nicht hektisch werden, nicht in Torschlußpanik geraten. Aber sie sollte sich bewußt sein, daß es auch in ihrem ausgeglichenen Leben keinen Stillstand gibt. Mit dreißig neigt man leicht zu zwei Extremen: entweder die Hände beruhigt in den Schoß zu legen und »Das war's, ich hab's geschafft« zu sagen oder im Zustand totaler Unzufriedenheit alles von sich zu werfen. Manchmal kann das sogar richtig sein, aber es ist gut zu wissen, woher die Unzufriedenheit kommt, bevor man die Radikallösung anwendet. Und man kann sehr wohl das Hier und Heute genießen und dabei doch nicht außer acht lassen, daß die Reise weitergeht. Daß man irgendwann loslassen muß.
Zwanzig Jahre Rückblick: Da ist auch viel den Bach runtergegangen. Da sind eine Menge Träume und Illusionen verabschiedet worden. Aber vielleicht ist noch einiges übriggeblieben, das näher zu betrachten sich lohnt. Vielleicht glimmt da noch ein Fünkchen, aus dem ein wärmendes Feuer werden könnte? Fragt sich nur, ob genügend Mut vorhanden ist, Brandstifterin in eigener Sache zu werden. Ob sie sich traut, »Jetzt oder nie!« zu sagen, und es einfach riskiert.
Eine jüngere Freundin von mir hat es vor Jahren gewagt. Kurz nach ihrem dreißigsten Geburtstag. Sie war wohlbestallte Studienrätin, hatte einen netten Mann, ein nettes Haus und ein nettes Einkommen. Sie war nicht unzufrieden, aber eines Tages ertappte sie sich dabei, daß sie

dachte: »Es muß doch mehr als das geben!« Immer öfter kam ihr dieser Gedanke. Was »mehr als das!« war, wußte sie natürlich auch nicht. Aber sie trennte sich von Mann, Beruf und Haus und zog auf Wanderschaft durch die Welt. Mal hatte sie Geld, mal keins, sie fing an zu malen und war überrascht von der Kraft ihrer Bilder. Sie machte zwar keine Karriere als Künstlerin, aber sie lernte das Leben von einer Seite kennen, von der sie nichts gewußt hatte und die sie faszinierte. Irgendwann kam sie nach Deutschland zurück und schlug sich mit allen möglichen und unmöglichen Jobs durch, lebte mal hier, mal da, meistens mit ziemlich wenig Geld und ziemlich vielen Schulden. Zu der Zeit lernte ich sie kennen und war geradezu überwältigt von ihrer Heiterkeit, ihrer Lebensfreude. Natürlich war sie nicht *nur* heiter, und Tiefpunkte waren bei ihr wirklich sehr tief, aber sie genoß dieses völlig ungebundene Leben. Dann, inzwischen waren etwa zwölf Jahre vergangen, fühlte sie, daß es genug war. Sie bemühte sich wieder um eine Stellung als Lehrerin. Das schaffst du unmöglich, meinten ihre Freunde, ich auch. Aber sie schaffte es! Jetzt ist sie mit einer Begeisterung und Hingabe dabei, die sich sehr positiv auf die Kinder auswirkt, die ihr anvertraut sind. Sie hat ungeheure Freude an ihrer neuen, alten Aufgabe und sagt: »Wenn ich nicht mit dreißig aufgehört hätte, wäre ich heute längst ausgebrannt und müde.« Müde ist sie auch jetzt schon mal, aber von ausgebrannt kann keine Rede sein. Wenn sie Zeit hat, was selten vorkommt, malt sie. Sie hat ihr »mehr als das« gefunden, und das beflügelt sie noch immer.

Einen Tag vor meinem dreißigsten Geburtstag notierte ich in mein Tagebuch: »Es ist irgendwie verpflichtend, dreißig zu werden.« Was genau ich damals damit meinte, weiß ich nicht mehr. Aber ich hatte recht! Heute sehe ich die Ver-

pflichtung darin, zu überdenken, was ich bisher aus meinem Leben gemacht habe und was ich daraus noch machen *will*. Will ich den Absprung, oder genügt es mir, hin und wieder mit der Möglichkeit zu kokettieren? Darüber sollte ich mir jetzt klarwerden. Natürlich, theoretisch kann ich mein ganzes Leben lang aus- und umsteigen, aber die meisten Leute werden eben mit zunehmendem Alter eher bequemer. Und für einiges wird es tatsächlich bald zu spät sein. Die Dreißigjährige, die sich ein Kind wünscht, aber doch noch zögert, sollte nicht mehr zögern.
Es gibt Wünsche, an die man nicht allzu zaghaft herangehen sollte, wenn man weiß, daß man sie sich eigentlich liebend gern erfüllen würde. Ich bin sehr dagegen, ein Kind einzuplanen wie den Kauf eines Autos oder eine Reise auf die Seychellen, aber wer den Kinderwunsch immer wieder auf »später« verschoben hat, sollte den Plan jetzt in die Tat umsetzen oder ihn vergessen. Das heißt nicht, daß nicht etwa auch eine Vierzigjährige noch Mutter werden kann. Doch die Zögerlichen werden zögerlich bleiben und sich mit vierzig nun erst recht mit einem Kind überfordert fühlen. Die Zögerlichen werden dann allerdings auch mit ziemlicher Wahrscheinlichkeit irgendwann sehnsüchtig in jeden Kinderwagen blicken und nun, wo es zu spät ist, ihr Zögern sehr bedauern.
Ja, es ist »irgendwie verpflichtend«, dreißig zu werden. Und es ist eine Verpflichtung ausschließlich mir selbst gegenüber. Ich will mir später nicht vorwerfen müssen, daß ich meine Chancen verpaßt habe. Ich muß mir schon die Mühe machen, mich ein bißchen eingehender damit zu beschäftigen, was ich wirklich will. Jetzt, heute und hier. Und ich sollte es tun!
Mit dreißig hat jede das Gesicht, das sie verdient, das ist auch so ein Spruch, der nur halbwahr ist. Mit dreißig sollte

jede ihr Gesicht sehr aufmerksam betrachten und Spuren von Langeweile und Frust nicht nur registrieren, sondern überlegen, was sich dagegen tun läßt. Kosmetische Mittel werden wenig helfen, wenn sie mit ihrem Leben hadert. Vielleicht hat sie das Gesicht, das sie verdient, aber Gesichter können sich verändern, auch ohne kosmetische Chirurgie. Voraussetzung ist allerdings, daß sie die Gründe für Frust, Bitterkeit und Langeweile erkennt und etwas dagegen unternimmt, statt zu resignieren. Das ist manchmal schwierig, aber nur selten unmöglich. Wichtig dabei ist vor allem, die eigene Situation zu erkennen und sich nicht aus falscher Rücksichtnahme auf andere in die typisch weibliche Verzicht-Position hineinzumanövrieren: »Ich würde ja gern, aber mein Mann... meine Kinder...« Schwestern, laßt es darauf ankommen, daß die Familie vorübergehend murrt und einige Leute über euch den Kopf schütteln. Es geht um *euren*, nicht um anderer Leute Kopf, und die Familie wird's überstehen. Zwei Beispiele aus meiner näheren Umgebung können vielleicht allen Mut machen, die da meinen, jenseits der Dreißig seien die Weichen eben doch endgültig gestellt.

In dem ersten Fall beschloß eine Dreißigjährige, dreifache Mutter, deren Kinder aus dem Gröbsten heraus waren, Kunstgeschichte zu studieren und ihren Doktor zu machen. Ihr Ehemann, einer von der konservativen Sorte, aber sympathisch, fand die Idee zwar absurd, hatte aber großzügig nichts dagegen, »solange im Haushalt alles klappt«. Das kriegte sie hin, es klappte, wenn auch knirschend. Im Laufe der Zeit und als alle merkten, daß Mutter es wirklich ernst meinte, begann die Familie, sie zu unterstützen. Der Ehemann reduzierte sein anerzogenes Machotum auf ein akzeptables Maß und machte mit. Die unerschütterliche späte Studentin war Mitte Vierzig, als sie endlich ihren Doktor hatte. Die Familie bejubelte sie, der Ehemann war begeistert. Demnächst feiert Frau Doktor ihren fünfzigsten Geburtstag mit einem rauschenden Fest. Sie hat durch ihr Studium einen Wirkungskreis gefunden, der sie brennend interessiert und ihr immer wieder neue Anregungen gibt. Die Kinder sind aus dem Haus, und der Ehemann ist beruflich viel unterwegs. Es fällt niemandem, der sie kennt, schwer, sich auszumalen, wie ihr Leben heute aussehen würde, wenn sie nicht als Dreißigjährige etwas angefangen hätte, wovon ihr beinahe alle abrieten.

Im zweiten Fall merkte meine Nachbarin – zwei Söhne, erfolgreich tätiger Ehemann –, daß sie so um die Dreißig herum kleine Anfälle von Zukunftsbangigkeit bekam. Sie fing an, sich häufiger den Kopf darüber zu zerbrechen, was wohl sein würde, wenn die Söhne eines Tages aus dem Haus gingen. Sie spielt gern Tennis und hat einen großen Freundeskreis, aber ganz sicher würde ihr das später nicht genügen. Da sie nicht nur eine hübsche, sondern auch sehr aktive Person ist, beschloß sie, nicht müßig abzuwarten, sondern rechtzeitig etwas in Bewegung zu setzen. So überraschte sie ihre Familie eines Tages mit der Ankündigung, daß sie Heilpraktikerin werden wolle. Auch hier reagierten Mann und Kinder verblüfft und mit Einwänden, aber im ganzen nicht ablehnend. Auch hier brachte ihr Entschluß ein deutliches Mehr an Arbeit für sie. Aber auch sie gab nicht auf, was sie sich vorgenommen hatte. Auch sie nahm sich Zeit, ließ alles in Ruhe angehen. Aber sie ging es an! An ihrem vierzigsten Geburtstag wurde bereits auf ihre zukünftige Praxis angestoßen, obwohl sie noch mitten in der Ausbildung steckte. Aber wer da mit ihr feierte, wußte, daß sie es schaffen würde, weil sie es einfach *wollte!* Demnächst macht sie ihren Abschluß. Die Jungen sind noch im Haus, aber nicht mehr sehr oft, und der vielbeschäftigte Ehe-

mann ist immer noch erfolgreich. Sie hat ständig zu tun, aber manchmal treffen wir uns auf einen kleinen Schwatz, und bei der Gelegenheit hat sie mir gesagt: »Ich habe keine Angst mehr davor, wenn die Jungen mal ausziehen.«
Es läßt sich also tatsächlich noch eine Menge ändern, wenn man dreißig ist. Auch ohne daß man alles über den Haufen wirft, wie diese Beispiele zeigen. Mit Komplikationen muß gerechnet werden, das ist wahr. Aber wann kriegt man im Leben schon mal was auf dem silbernen Tablett dargeboten? Besser, gar nicht erst darauf zu warten, sondern einfach zuzugreifen.
Jung, aber nicht mehr zu jung. Man kann noch viel aus seinem Leben machen. Und die Dreißigjährige kann es sich leisten, einiges über Bord zu werfen, was sie eigentlich schon seit langem stört. Wer sich jetzt nicht von seinen Vorurteilen verabschiedet, wird sie ein Leben lang mit sich schleppen. Es ist immer noch Zeit zu rebellieren! Den Dreißigerinnen hören die Leute eher zu als Zwanzigjährigen oder Fünfzigjährigen, der Dreißigjährigen kann niemand vorwerfen, sie sei noch zu unreif, um dies oder das zu verstehen, sie wisse ja noch nichts vom Leben, habe keine Erfahrungen, und ebensowenig kann man ihre Meinung mit der Feststellung abtun, sie könne da nicht mehr mitreden. Nichts da, mit dreißig ist sie im Vollbesitz ihrer geistigen und körperlichen Kräfte, hellwach, sprungbereit, niemand kann ihr etwas vormachen.
Zu schön, wenn es so wäre. Das heißt, wenn die Dreißigerinnen sich ihrer Macht bewußt würden, statt gottergeben und unreflektiert weiterhin ihre Rollen zu spielen: die der Familienmutter und/oder der einsatzfreudigen Angestellten. Gewiß ist beides sehr, sehr respektabel, alle Achtung! Nur schade, daß sie so ausgenutzt werden. Wo doch oft schon ein klein bißchen mehr Aufmüpfigkeit genügen

würde, um womöglich einen allgemeinen Denkprozeß in Gang zu bringen: Was ist los mit dieser Frau? Pubertäre Nachwehen können es ja nicht mehr sein, und bis zum Klimakterium hat sie noch Zeit. Militante Feministin ist sie doch wohl auch nicht, was, zum Teufel, macht sie plötzlich so umtriebig?

Trau keinem über dreißig, hieß es in den sechziger Jahren. Was sagen wollte: von dreißig an gibt es nur noch etablierte Hosenscheißer, zementiert in ihren vorgestrigen Weltanschauungen. Mir gefällt dieser Slogan, aber ich würde ihm liebend gern eine andere Bedeutung geben und ihn ein bißchen verändern: Trau *keiner* über dreißig! Denn jetzt läßt sie sich kein X mehr für ein U vormachen, jetzt setzt sie durch, was sie eigentlich schon immer wollte, jetzt ist die Zeit der zarten Rücksichtnahme auf Gott und die Welt vorbei, jetzt hat sie damit begonnen, Konsequenzen aus ihren Erfahrungen – immerhin Erfahrungen von zwanzig Jahren! – zu ziehen. Ihr könnt es Selbstverwirklichung nennen, was sie da betreibt, nennt es, wie ihr wollt, ihr ist das schnuppe.

Leider kann man ihnen noch immer allzu gut trauen, den Dreißigerinnen. Leider neigen viel zu viele von ihnen noch immer dazu, den dreißigsten Geburtstag mit einem resignierten Seufzen zu betrachten, statt in die Offensive zu gehen.

Wer es tut, wird offen für Neues. »Laßt Vergangenes vergangen sein, als wäre es nie gewesen, als würdet ihr jeden Moment frisch und neu geboren... Tut die Vergangenheit beiseite. Sammelt keinen Staub an«, sagt Osho. In zwanzig Jahren, soviel ist sicher, kann sich eine Menge Staub ansammeln. Wer sich bisher nicht getraut hat, ihn wegzuwischen, aus Furcht, dabei könnte dies und das kaputtgehen, sollte den dreißigsten Geburtstag für den großen Hausputz benutzen. Wenn dabei tatsächlich etwas in Scherben geht, war es sicher nicht schade drum. Jede sollte, ohne Rücksicht auf eventuelle Verluste, beim Abschied von den Twenties noch einmal in die Startlöcher gehen. Vielleicht bleibt es beim Startversuch. Aber vielleicht startet sie wirklich. Lauft los, Schwestern! Ihr werdet überrascht sein, wieviel Power ihr habt.

Abschied nehmen...

...von einer Stadt

Es hat geklappt.
Sie bekommt den Posten in der Kölner Filiale, auf den sie schon lange scharf ist. Na ja, Köln, davon hat sie nicht gerade geträumt. Andererseits ist in der Stadt auch eine Menge los. Sie wird sich nach einer netten Wohnung umsehen, die Firma hilft ihr dabei, erst einmal wohnt sie in einer Pension. Und die Hauptsache ist, daß sie sich beruflich verbessert. Bloß kein Sitzfleisch ansetzen! Bloß keine Sentimentalitäten!

Wir kennen das. Den einen erwischt es früher, die andere später. Aus irgendeinem Grund – wenn wir Glück haben, ist es ein guter – verlassen wir die Stadt, die seit langem unsere Stadt ist. Wir sind dort geboren. Oder aufgewachsen oder beides. Vielleicht hat es uns auch erst in etwas reiferem Alter dorthin verschlagen, jedenfalls sind wir an diesem Platz heimisch geworden und haben sozusagen Wurzeln geschlagen. Über das Wurzelschlagen haben wir allerdings nie wirklich nachgedacht. Überhaupt, es war durchaus nicht so, daß wir uns in all den Jahren überschlugen vor Begeisterung für diese unsere Stadt. Es gab eine Menge an ihr auszusetzen, und das taten wir auch nach Kräften. Manchmal, wenn uns etwas besonders ärgerte, nannten wir sie »provinziell«, was uns eine angemessen harte Beleidigung schien. Die Busse fuhren unpünktlich und zu selten, die Bahnen waren dreckig, die Straßenbeleuchtung war mangelhaft, es gab nicht genügend nette und dabei preiswerte Lokale. Und die wirklich guten Filme kamen viel zu spät in die Kinos (von denen auch zuwenig vorhanden waren). Andererseits... da waren die schönen, naturbelassenen Parks, und dann lagen die Berge (oder Meer und Strand oder sonstige Naturschönheiten) direkt vor der Haustür. Das versöhnte mit manchem Nachteil... Ja, das machte die Stadt liebenswert.

Was die Stadt jetzt, in diesem Moment, aber besonders liebenswert macht, ist die Tatsache, daß wir sie in kurzer Zeit verlassen müssen. Müssen? Es war schließlich unser freier Entschluß – mehr oder weniger. Egal, jedenfalls scheint sie sich zu ihrem Vorteil zu verändern, je näher der Termin unseres Abschieds rückt. Abschied! Jetzt erst machen wir uns klar, daß es ja wirklich ein Abschied sein wird. Wir gehen nicht bloß auf eine längere Reise, deren Ende immerhin abzusehen ist, nein, wir – wie sagt man doch – brechen unsere Zelte ab. Wir geben die Wohnung auf, glückliche Nachmieter warten bereits ungeduldig auf unsere Abreise. Es wird kaum einen Grund geben, warum wir wiederkommen sollten. Die Eltern leben nicht mehr hier. Natürlich, Freunde könnte man besuchen. Aber wir wissen ja, wie das mit solchen Plänen geht. Vielleicht wird in den nächsten zehn Jahren mal was draus. Oder nie. Machen wir uns also lieber nichts vor.

Doch auch wenn wir eine ganze Familie in der Stadt zurücklassen, liebe Menschen, die wir ganz sicher öfter besuchen werden – in Zukunft sind wir hier eben nur noch Besuch. Es wird nicht mehr unsere Stadt sein, wir haben keinen Anteil mehr an ihr, wir sind von ihrem Alltag ausgeschlossen. Das ist sehr wesentlich! Wenn wir Vater, Mutter und Geschwister wiedersehen, werden wir uns natürlich freuen, wir werden mit dem immer noch unpünktlichen Bus zu alten Lieblingsplätzen fahren und abends über Bordschwellen stolpern, wie einst, weil die Stadtverwaltung mit Straßenlaternen geizt. Alles wird wieder sehr vertraut sein. Aber dann sagt jemand: »Stellt euch vor, jetzt

hat eine ganz patente Wirtin das Café Blume übernommen, es ist viel besser geworden.« Und das geht uns eigentlich nichts mehr an. Auch daß an der Ecke Eichhornweg-Fischotterstieg nun endlich ein Briefkasten ist, betrifft uns nicht mehr. Oder daß die Bushaltestelle verkehrsgünstiger verlegt wurde. Und daß die Bahn ab dreiundzwanzig Uhr im Dreißig-Minuten-Takt verkehrt. Alle ereifern sich darüber. Wir sind außen vor. Wir haben nichts mehr damit zu tun. Wir haben die Beziehung zu dieser Stadt abgebrochen, in solchen Kleinigkeiten zeigt es sich deutlich.
Eine Stadt zu verlassen, in der man lange zu Hause war, das ist noch ein Schritt weiter, als die Wohnung zu wechseln. Jetzt verabschieden wir uns von *allem,* was bis hierhin ein wichtiger Bestandteil unseres Lebens war. Die Wohnung ist dabei fast am unwichtigsten. Wir müssen uns in einer Umgebung akklimatisieren, die total neu für uns ist. Ob wir nun von West nach Ost oder von Nord nach Süd gezogen sind: nichts wird mehr sein, wie wir es gewohnt waren. Die Menschen sprechen anders, die Luft ist anders, es kommt uns vor, als sei in den Straßen, eigentlich ganz normale Großstadtstraßen, ein anderer Geruch. Und wenn es keine Großstadt ist, wird die Fremdheit sogar noch deutlicher. Uns Zugereisten scheint es, als kenne hier jeder jeden – mit Ausnahme von uns natürlich. Wie gut, daß für Heimweh keine Zeit ist, wir haben von morgens bis abends zu tun. Dabei ergeben sich allerlei Kontakte, wir lernen nicht nur Leute kennen, sondern auch die fremde Stadt, zwangsweise, wir verlaufen und verfahren uns, ob sie nun groß oder klein ist, wir fragen uns durch, nach Ämtern, nach der Post, nach der Bank, nach dem Supermarkt und nach dem italienischen Restaurant, das uns jemand empfohlen hat. Wir stellen fest, daß auch hier die Busse unpünktlich, die Bahnen dreckig und manche Straßen nachts stockdunkel

sind. Mit anderen Worten, es wird nicht allzulange dauern, bis wir uns einleben.
Die Stadt, von der wir Abschied genommen haben, rückt immer weiter weg. Bald sind es nicht nur die Hunderte von Kilometern, die zwischen ihr und uns liegen. Ihr Bild beginnt zu verblassen wie eine alte Fotografie. Es wird nicht mehr lange dauern, da fällt uns schon nicht mehr der Name von unserem Apotheker ein oder von der Gemüsefrau auf dem Wochenmarkt, wo wir doch jahrelang eingekauft haben. Gleichzeitig aber verklärt sich in unserer Erinnerung alles, was unsere alte Stadt betrifft. Die Parks werden größer und malerischer, der Weg in die wundervolle Umgebung verkürzt sich immer mehr, wenn wir davon erzählen: »Also sonntags bin ich meistens an die See gefahren, höchstens zwanzig Minuten mit dem Auto.« (Wobei wir vergessen, wie oft wir im Stau steckenblieben.) Wir schwärmen von Theateraufführungen höchster Qualität, wir loben die Gastlichkeit noch der bescheidensten Restaurants. Skeptische Bemerkungen wehren wir überlegen ab: »Ich habe dort schließlich jahrelang gelebt.« Manchmal fällt uns allerdings selbst auf, daß wir wohl etwas übertreiben. Aber irgendwie haben wir das Gefühl, das seien wir unserer alten Stadt schuldig. Es geht uns mit ihr wie mit einem Freund, dessen negative Eigenschaften wir augenzwinkernd übersehen – schließlich ist er ein lieber Kerl, vergessen wir seine kleinen Fehler.
Wer ein Zugvogel ist, wen es nie allzulange an einem Ort hält, der hat mit dem Abschiednehmen in diesem Punkt wenig Probleme. Wenige, aber eben doch welche! Ich habe einige solche Zugvögel-Freundinnen und -Freunde, die überall in der Welt rasch – nein, nicht »heimisch« werden, das wäre das falsche Wort – neue Beziehungen anknüpfen und sich nirgends lange fremd fühlen. Das bedeutet aller-

dings nicht, daß sie einen Abschied nicht auch als solchen empfinden. Im Gegenteil. Sie sind nämlich ziemlich sicher, daß sie wirklich nicht mehr wiederkommen. Die Stadt, das Städtchen, die Kommune auf dem Land war eine Station in ihrem Leben, die sie nun hinter sich lassen, mit ein paar Tränen, schon möglich, aber weil ihnen von vornherein bewußt war, daß sie irgendwann gehen würden, fällt ihnen das Loslassen nun nicht schwer. Ohnehin leben sie mit leichtem Gepäck. Sie sind darauf eingerichtet, daß sich ihr Leben fortwährend verändert, und wenn sie etwas *nicht* wollen, so ist es, Wurzeln zu schlagen. *Noch* nicht. Denn auch menschliche Zugvögel kommen irgendwann in das Alter, wo ihnen der Gedanke an Seßhaftigkeit nicht mehr ganz so absurd erscheint. Ich habe eine jüngere Freundin, die es nach einem schon sehr bewegten Leben auf allen Kontinenten nun nach Amerika trieb, wo ihre Tochter und zwei Enkelkinder leben. Wie ich höre, führt sie dort das zufriedene Leben einer glücklichen Großmutter und hat (jedenfalls zur Zeit) keinerlei Veränderungsabsichten.

Allerdings schert sich das Leben keinen Pfifferling um unsere Absichten, wie wir wissen. Ich will jetzt gar nicht von der gewaltigen und durchaus nicht freiwilligen Völkerwanderung reden, die derzeit buchstäblich im Gange ist. Aber wie ist es mit denen, die aus ihren vormals idyllischen Siedlungen am Stadtrand wegziehen müssen, weil der Boden mit Dioxin, Öl und Schwermetallen verseucht ist? Viele Menschen sind dort aufgewachsen, viele an diesem Platz alt geworden – da wollten sie bleiben. Jetzt ist ihre einstige Mustersiedlung lebensbedrohend, und wenn sie nun fortgehen, tun sie das mit Wut und Bitterkeit, tatsächlich nur der Not gehorchend. Hier wird kein Wohnort gewechselt, hier wird eine kleine Heimat aufgegeben. Einzelfälle? Mir kommt es vor, als ob fast täglich etwas darüber in den Zeitungen stünde.

Seßhaft sein wollen und am selben Platz bleiben können – wem gelingt das schon ein Leben lang? Die ältere Generation hat da ihre Erfahrungen hinter sich. Mancher hört man noch an, woher sie kommt, aus Ostpreußen oder Schlesien. Krieg und Seßhaftigkeit lassen sich schlecht vereinbaren. Einige Leute haben das bereits wieder vergessen, wie könnten sie sonst gegen »Asylanten« wettern, die da von weit her kommen und die deutsche Gemütlichkeit stören?

Es sind durchaus nicht nur gute Erinnerungen, die uns mit »unserer« Stadt verbinden. Es kann sogar sein, daß wir regelrecht aufatmeten, als wir ihr den Rücken kehrten. Nichts wie weg von hier! So ging es vielen im Krieg, wenn sie aus der einstmals so geschätzten und geliebten Stadt vor den Fliegerbomben aufs Land flüchteten. Die Stadt war auf einmal ein Feind geworden. Verwüstete Straßen, kilometerlang nur noch Ruinenfassaden mit gespenstisch leeren Fensterhöhlen. Nichts wie weg von hier! Meine Stadt war Berlin, wo ich geboren und in allen möglichen Stadtteilen aufgewachsen bin. Als es mit der Bomberei immer schlimmer wurde, zogen meine Mutter und ich – beide berufstätig – vorübergehend »aufs Land« zu Freunden, am Rand von Berlin. Wir hatten in der Stadt eine bereits ziemlich lädierte Wohnung im vierten Stock und einen eher primitiven Luftschutzkeller – nichts wie weg von hier! Aber es dauerte nicht lange, da gingen wir zurück. Diese verfluchte, feindliche, lebensgefährliche Stadt ließ uns einfach nicht los. Wir hatten große Angst, meine Mutter und ich, aber ein anderes Gefühl überwog: Wir gehörten nun mal dorthin. Es war dann wohl auch diese Empfindung, die uns bleiben ließ bis zum Kriegsende, das wir mitten in der um-

kämpften Stadt er- und überlebten. Die Abschiedsstunde von Berlin stand uns noch bevor. Sie kam einige Jahre später, und es war kein erfreulicher Abschied. Wir atmeten auf und waren gleichzeitig traurig. Wir würden nicht wiederkommen, das wußten wir. Es würde einer dieser endgültigen Abschiede sein, und die Stadt würde uns immer fremder werden. Genauso war es. Wenn ich jetzt wieder nach Berlin komme, bin ich glücklich, aber es fällt mir schwer, die Stadt wiederzuerkennen, in der ich immerhin die ersten achtundzwanzig Jahre meines Lebens verbracht habe. Die Schwierigkeit liegt nicht nur darin, daß überall gebaut und abgerissen wurde, daß ganze Straßen verschwanden und Häuserblocks neu entstanden sind. Ich lebe da nicht mehr, das ist es. Die Stadt und ich haben, brutal gesagt, nichts mehr miteinander zu tun. Ich liebe sie immer noch – oder wieder –, aber meine Versuche, Beziehungen zu ihr aufzunehmen, werden hilf- und erfolglos bleiben. Was mich nicht daran hindert, meine Bemühungen fortzusetzen, und manchmal glaube ich, daß ich vorankomme. Aber am Ende ist es so, daß die Stadt mir zu verstehen gibt: Schade, aber wir haben uns nun mal voneinander verabschiedet, erinnerst du dich nicht?
Ich hatte Glück – die Stadt, die nach Berlin kam, wurde ziemlich bald wiederum meine Stadt. (Ein kurzes Zwischenspiel im Rheinland übergehe ich. Die Stadt, in der ich dort lebte, hatte nicht die geringsten Chancen, meine Stadt zu werden, aus vielen Gründen.) Aber nun möchte ich bleiben, wo ich bin. Und es scheint, daß ich im Laufe vieler Jahre zur Eingeborenen wurde. Ich kann alle gut verstehen, denen es ebenso geht wie mir, auch wenn sie aus anderen Ländern kommen. Da ist der kleine türkische Friseur, den ich nun seit dreißig Jahren kenne, der immer noch ein holpriges Deutsch spricht und sich längst als Ur-Ham-

burger fühlt. Da ist der ägyptische Taxifahrer, die griechische Schneiderin, da sind die italienischen Kellner in der Stammkneipe. Die Stadt, in der sie leben, ist längst ihre Stadt geworden, auch wenn sie mit der Sprache ihre Probleme haben. Wenn sie gelegentlich dorthin fahren, wo sie vor Jahren zu Hause waren, geht es ihnen ähnlich wie mir mit Berlin.

Ja, aber da ist ein Punkt, da ist etwas, das unser Langzeitgedächtnis, wie angeschlagen es auch sein mag, wahrscheinlich bis in alle Ewigkeit fest registriert hat. Irgendwo, in einem Kaff, auf dem Land, in einer Großstadt waren wir mal Kinder. Wir und dieser Ort sind immer noch unzertrennlich. Es spielt keine Rolle, wie sehr wir uns im Laufe der Jahrzehnte verändert haben. Wenn wir in unsere Kinderzeit zurückdenken, sehen wir alles bis in die kleinsten Details genau vor uns. Da haben wir mit den Nachbarskindern gespielt, da haben wir uns zu streng vertraulichen Kinderversammlungen getroffen, da haben wir uns versteckt, um Leute zu ärgern oder um Heftchen zu lesen, die wir nicht lesen durften. Das Kind, das wir einmal waren, hat sich ganz offensichtlich nie von unserer Stadt verabschiedet.

Es gibt eine hübsche Anekdote über einen berühmten deutschen Schauspieler, gebürtiger Berliner, der im Dritten Reich nach Amerika emigrieren mußte und dort seine zweite Karriere machte. Einmal besuchten ihn Freunde aus Deutschland in seinem Luxushaus und meinten: »Na, besser kannst du's ja wirklich nicht haben.« Der alte Berliner sah sie nur mit einem schiefen Lächeln an und fragte: »Hab ick hier Murmeln jespielt?«

Abschied nehmen...

...von toten Freunden

O Gott, schon wieder eine Beerdigung.
Eines Tages ist man in dem Alter, wo die Einschläge näher kommen. Man kriegt eine Todesanzeige ins Haus geschickt und erschrickt. Wieso *der*? Oder: Was, *die* hat es auch erwischt? Aber wie kann das sein? Die war doch etwa in unserem Alter... Eben! Jüngere und Junge, die solche Todesanzeigen lesen, stellen achselzuckend fest: über siebzig. Traurig, aber in diesem Alter muß man ja wohl damit rechnen. Was ganz offenbar die meisten von uns nicht tun. Und dann ist es soweit. Die fast gleichaltrigen Überlebenden trotten gesenkten Hauptes neben Töchtern, Enkeln und Urenkeln hinter dem Sarg her, und der Pfarrer hat so gefühlvoll gesprochen, wenn er sich auch mit den Familienverhältnissen der/des Verblichenen ein bißchen verheddert hat. Die Zeiten sind vorbei, wo der Pfarrer wie Kind im Haus war und jeden in seiner Gemeinde kannte. Das gibt es höchstens noch auf dem Lande und in Fernsehserien.
Entsprechend sind dann auch die meisten Trauerfeiern. Natürlich, alles ist, wie man so sagt, würdig gestaltet. An Blumen, Kerzen und Kranzgebinden wurde nicht gespart. Die Orgel orgelt das Largo von Händel. Es wird geweint, und alle atmen auf, wenn es vorüber ist. Später danken die Angehörigen dem Pfarrer für seine »trostreichen Worte«: den Klischees folgen die Phrasen. Aber wer nun denkt, sogenannte »weltliche« Trauerfeiern seien weniger peinlich, der irrt. Nur selten finden sich gute Freunde, die bereit und fähig wären, am Sarg ein paar wirklich persönliche Worte zu sprechen. Das schaffen wir nicht, sagen sie, und also

wird ein neutraler Berufsredner vom Bestattungsinstitut angeheuert. Der ist dann meistens noch viel unerträglicher als der Pfarrer, der wenigstens ein paar schöne Bibelzitate auf Lager hat.
Ich kenne niemanden, der sich eine solche Abschiedsfeier wünschen würde. Aber sie sind die Norm. Das übliche. Vermutlich unvermeidbar. Aus vielen Gründen: Die am nächsten betroffenen Angehörigen sind oft nicht in der Lage, eine individuelle Feier vorzubereiten, sie haben nicht die Kraft dazu. Jemand muß ihnen diese traurige Pflicht abnehmen, und wer immer das auch sein mag, er wird keine Experimente riskieren, er wird die Nullachtfünfzehn-Vorschläge des Bestattungsinstituts dankbar annehmen und den Inhalt der Predigt allenfalls kurz mit dem Pfarrer absprechen. Das Ergebnis befriedigt am Ende keinen, aber alle haben ihr Bestes getan. So gibt es eigentlich nur die ganz schlimmen und die weniger schlimmen Trauerfeiern – trostreich ist keine.
Und dann gibt es die Ausnahmen.
Eine solche war die Abschiedsfeier für eine Fünfundzwanzigjährige, die an Krebs starb und ihr Begräbnis vorbereitete, als wolle sie zu einer Party einladen. Sie wünschte sich einen in Regenbogenfarben bemalten Sarg, sie stellte die Musik zusammen, die gespielt werden sollte, und sie ließ sich noch ein paar Überraschungen einfallen. Als alles vorbereitet war, sagte sie: »Zu schade, daß ich nicht dabei bin.« Genau am Heiligabend, am Vormittag des 24. Dezember, fand ihre Party dann statt. Am Eingangsportal des Krematoriums auf dem Friedhof in Hamburg-Ohlsdorf bekam jeder, der sich von ihr verabschieden wollte, ein Döschen mit Seifenblasenlösung in die Hand gedrückt, und bald schwebten Hunderte von schillernden Seifenblasen durch die düstere Halle. Der regenbogenfarbene Sarg

stand eingebettet in Blumen vor dem schmunzelnden Porträt des indischen Mystikers Osho, dessen Schülerin sie gewesen war und von dem sie gelernt hatte, den Tod zu feiern. Eine kleine Band spielte ihre Lieblingslieder, und ein Text, den sie ausgesucht hatte, wurde vorgelesen: Auszüge aus einem Vortrag ihres Meisters. Es waren viele Menschen gekommen, auch ihre Eltern und Geschwister, es wurde geweint und gelächelt und ein bißchen getanzt. Niemand versuchte, seine Tränen zu verbergen. Aber alle spürten: Sie ist nicht mehr da und doch dabei. Sie hat zwar ihren Körper verlassen, aber es gibt sie noch – oder wieder. Auch ihre Eltern sagten später, daß sie es so empfunden hätten. Keiner trug Schwarz. Hinterher erfuhren wir, daß viele Friedhofsangestellte die Feier von der Empore aus verfolgt hatten und geradezu überwältigt waren – so etwas hatten sie hier noch nie erlebt. Wir, die »Hinterbliebenen«, die fast heiter die Halle verließen, stießen draußen auf die nächste Trauergesellschaft, die schon wartete und uns fassungslos betrachtete: einen bunten Haufen Leute zwischen Weinen und Lachen, dazwischen Kinder, die noch ein paar Seifenblasen in die Luft steigen ließen. Die Menschen sahen uns kopfschüttelnd und irritiert an. Wir wirkten ja durchaus nicht gleichgültig. Wahrscheinlich haben sich wenigstens einige von ihnen gefragt, wie eine solche Abschiedsfeier überhaupt möglich sein konnte. Nun, sie war nur deshalb möglich, weil die junge Frau, um die es ging, es so gewollt hatte. Ihre Einstellung zum Sterben und zum Tod war nicht die übliche gewesen. Eine solche Totenfeier kann man niemandem zur Nachahmung empfehlen. Der regenbogenfarbene Sarg, die Seifenblasen, das Tanzen, Singen, Lachen und Weinen gehörten nur zu diesem einen, ganz bestimmten Menschen.
Doch natürlich brauchte sie Freunde und Freundinnen,

die alles so ausführten, wie sie es sich gewünscht hatte. Ihre Eltern hätten es nicht gekonnt. Aber ihre Freunde waren auch jetzt noch für sie da und bemühten sich um sie, versuchten, ihren wirklich letzten Wunsch zu erfüllen. Das hatte diese Abschiedsfeier so authentisch und berührend gemacht. Das war tatsächlich »im Sinne der Verstorbenen« gewesen, wie es in Todesanzeigen manchmal heißt.

Jeder hat da seinen eigenen Sinn. Ein alter Freund, der mit dreiundachtzig Jahren einen wahrhaft sanften Tod fand, hätte sicher keinen regenbogenfarbenen Sarg haben wollen, im übrigen wäre ihm die Farbe dieses Behältnisses wohl ziemlich egal gewesen. Dafür aber hatte er sich besondere Musik und besondere Musikanten gewünscht. Und so spielte es dann seinen geliebten Schubert, das berühmte Alban-Berg-Quartett, erst in der Kapelle und dann am offenen Grab. Das war an einem zauberhaften Augusttag auf dem Wiener Zentralfriedhof, wo viele große Künstler, Schriftsteller, Musiker bestattet wurden. Der, um den es hier ging, gehörte zu ihnen. Das Alban-Berg-Quartett kam gern. In der Kapelle sprach kein Priester – oder doch: Ein hoher katholischer Geistlicher trat neben den Sarg und erklärte, der Tote habe zwar keiner Religionsgemeinschaft angehört, sei aber religiös gewesen, und es wäre wohl in seinem Sinn, wenn jetzt alle gemeinsam das Vaterunser beteten. Ja, damit wäre er sicher einverstanden gewesen. Gefreut aber hätte er sich über das, was dann noch Freunde sagten, Freunde, denen es nicht leichtfiel, Haltung zu bewahren. Es wurde eine Abschiedsfeier ohne jedes verlogene Pathos, mit einer leisen, tröstlichen Heiterkeit, o ja, es wurde geweint, aber es waren Tränen unter einem Lächeln. Am Nachmittag kamen dann ein gutes Dutzend Freunde ins »Trauerhaus« außerhalb Wiens, man saß im großen Garten, das Wetter war immer noch schön, es gab

Gutes zu essen und zu trinken (er war ein leidenschaftlicher Esser!), man hatte Zeit für Gespräche. Als es dunkel wurde, leuchteten bunte Fackeln im Garten auf. Es war eine unbeschreiblich liebevolle und gelöste Stimmung. Eine alte Freundin sagte: »Ich hab das Gefühl, gleich kommt der Hans aus seinem Arbeitszimmer dazu.« Da waren sich alle einig, daß er ja schon dabei *war*! Und daß es ihn ungeheuer freute, solche Gäste bei sich zu haben. Es war sein Fest. Er hatte sich verabschiedet auf seine Weise. Er wäre zufrieden gewesen: es war in Ordnung, daß die Leute geweint hatten, aber nun sollten sie auch lachen dürfen. Genauso hätte er es haben wollen.

Auch dies keine Abschiedsfeier, die sich kopieren läßt, nicht nur, weil das Alban-Berg-Quartett halt nicht für jeden spielen kann. Zwischen der Fünfundzwanzigjährigen und ihrem Regenbogensarg und dem Dreiundachtzigjährigen in einem Ehrengrab der Stadt Wien liegen Welten. Aber eines haben sie gemein: Sie haben genauso Abschied nehmen dürfen, wie sie es wünschten. Beide Feiern waren echt, unpathetisch und fernab aller Klischees. Deshalb gingen sie jedem, der daran teilnahm, tief unter die Haut.

Nicht, daß die Trauerfeiern üblicher Machart die Teilnehmer nicht berührten. Ein Holzklotz, wen die schluchzenden Leidtragenden, die mühsam um Fassung ringenden Angehörigen unbeeindruckt ließen. Aber über dem Ganzen liegt eine Trostlosigkeit, die frieren macht. Die Predigt des Pfarrers ändert daran nichts, und der »weltliche« Trauerredner kann noch nicht einmal auf die ewige Seligkeit hinweisen. Dabei sind sie so bemüht, sagen soviel Gutes über den Verstorbenen, womit sie die Trauer der Hinterbliebenen noch verstärken. Natürlich weint man, auch als weniger Beteiligte, kräftig mit. Aber es ist kein Abschied, an den sich irgend jemand erinnern möchte. Es ist einer, den alle möglichst rasch hinter sich zu bringen wünschen.

Ich glaube, wenn man sich einmal klarmacht, daß dieser letzte Abschied einfach *immer* weh tut, einerlei, wie die Feier aussieht, fällt es weniger schwer, von der Norm abzuweichen. Zum Beispiel, darauf zu verzichten, daß der Pfarrer oder Trauerredner noch einmal die allen bekannte Biographie des Verstorbenen abspult, überflüssige Hinweise darauf gibt, ein welch vorbildlicher Vater/Gatte/Bruder er doch gewesen sei. Statt dessen könnte eine Bibelstelle gelesen werden oder ein Gedicht oder ein Stück Prosa, etwas, wozu der Tote eine Beziehung hatte. Auch Musik ist allemal besser als tönerne Phrasen von der Kanzel. Der letzte Abschied ist schmerzhaft, wir wissen es. Doch es lohnte sich, ihn so zu gestalten, daß man die Erinnerung daran nicht am liebsten völlig verdrängen würde.

Ein großer alter Verleger starb in Hamburg, hoch in den Jahren, seine Zeit war gekommen. Die Totenfeier in einer kleinen alten Stadtkirche, derselben, in der er einmal getauft worden war, schien mir sehr würdig, sehr angemessen. Schöne alte Choräle zum Mitsingen – Texte lagen auf den Kirchenbänken. Das freudige »Lobet den Herren!« wirkte überhaupt nicht unpassend; der Tote hatte sein Leben lang allen Grund gehabt, seinen Herrn zu loben, er war nicht nur ein erfolgreicher Geschäftsmann, er hatte auch eine Familie, auf die er stolz war, und seine Ehe hielt lebenslang. Die Trauergemeinde – Angehörige, Freunde, Mitarbeiter – sang sämtliche Strophen mit, wie es sich gehörte, der strotzende Optimismus des Liedes nahm der Feier plötzlich alle Düsternis. Das paßte zu dem, der da begraben werden sollte, mit Sentimentalitäten hatte er nie etwas im Sinn gehabt, gegen übermäßiges Gefühl war er von Natur aus mißtrauisch gewesen. So verzichtete auch der

Pfarrer auf Klischees und Überschwang, und der langjährige Freund und einstige Geschäftspartner, der danach sprach, konnte sogar ein paar Lacher verzeichnen: seine Rede zeigte zwar Erschütterung, aber auch Humor. Der Tote hätte das gemocht. Er hatte nie einen Witz übelgenommen. Diese Feier war gewiß in seinem Sinne.
Nun gut, hier hatte sich ein bedeutender Mann verabschiedet, einer, über den es viel zu sagen gab, ein Original noch dazu. Aber wenn ein Nobody stirbt? Einer, dessen Leben ohne Höhepunkte irgendwann im Sande verlief? Und um den allerhöchstens ein einziger Mensch trauert, mehr pflichtschuldigst als aus tiefem innerem Bedürfnis? Als Onkel Franz starb, fast achtzig und schon sehr verwirrt, vergoß seine langjährige Lebensgefährtin zwar ein paar Tränen, aber sie war doch begreiflicherweise eher erleichtert über seinen Tod. Sie sprach die Predigt zur Trauerfeier mit dem Pastor ab, den sie allerdings seit langen Jahren kannte. Es gab nicht viel über Onkel Franz zu sagen, nie in seinem Leben hatte er irgendeinen nennenswerten Erfolg gehabt, was ihn nicht hinderte, immer neue große Pläne (alle scheiterten) zu machen. Er blieb entnervend optimistisch, ein Schwadroneur, ein ewiger *looser*. Es würden nur ganz wenige Leute zu der Feier kommen, hatte die Lebensgefährtin dem Pastor gesagt. Dann kam der Tag der Beisetzung. Köstliches Frühlingswetter. Die kleine Friedhofskapelle füllte sich. Es kamen immer mehr Menschen. Der Pfarrer traute seinen Augen nicht, die Kirche wurde fast voll. Onkel Franz hatte kaum Freunde gehabt zuletzt, aber seine Lebensgefährtin mochten alle, und nun waren sie gekommen – ihr zuliebe. Sie hatte nicht damit gerechnet, sie hatte niemanden ausdrücklich gebeten, nur eben Anzeigen verschickt, wie das so üblich war. Und dann begann der Pastor: »Ich hatte mir eine Predigt zurechtgelegt über ei-

nen Mann, der seinen letzten Weg allein antritt. Jetzt stimmt das alles nicht mehr – Sie sind alle da. Ich muß mir etwas Neues einfallen lassen.« Es war die herzlichste und ergreifendste Predigt, die ich je gehört habe. Die Sonne schien durchs Kirchenfenster, die nicht besonders trauernde Gemeinde einschließlich der mehr und mehr ergriffenen Lebensgefährtin fühlte sich angesprochen – und auf einmal gedachten wir alle mit leiser Rührung und einem Anflug von schlechtem Gewissen des alten Herrn, den zeit seines Lebens niemand richtig ernst genommen hatte und über den wir uns immer lustig machten. Auf einmal war er gar kein Nobody mehr. Oder anders: Jeder fühlte sich als Nobody. Wenn es einmal soweit sein würde, wenn man selbst an der Reihe war, würde keiner dem armen, erfolglosen Onkel Franz noch irgend etwas voraus haben. Das machte nachdenklich. Und auf vertrackte Weise demütig. Es war eine vollkommen gelungene Abschiedsfeier. Die Lebensgefährtin strahlte unter Tränen und meinte später: Schade, daß er das nicht erlebt hat, diese Ehrung!
Drei Tage vor Weihnachten: in der Umgebung von Heidelberg stürzt ein Charterflugzeug ab. Sechsundzwanzig Tote. Ich höre die Nachricht im Radio und frage mich, wie die Familien und Freunde dieser sechsundzwanzig Toten mit ihrem Schicksal fertig werden, mit diesem Blitzschlag, der sie trifft, ohne jede Vorbereitung. Ein harmloser Inlandflug, ein erfahrener Pilot, wer macht sich da schon Gedanken? Man sagt: Tschüs, macht's gut, kommt heil wieder, ruft gleich an, wenn ihr wieder zu Hause seid, habt ihr schon alle Weihnachtsgeschenke beisammen? Das Alltägliche, das im nachhinein eine ungeheure Bedeutung bekommt. Was haben wir zuletzt miteinander gesprochen? Lauter Nichtigkeiten, Banalitäten. So kurz vor dem Ende nichts als belangloses, oberflächliches, dummes Zeug. Es

blieb keine Zeit mehr, aber wer konnte das ahnen? Und wie sollen wir die Trauerfeier überstehen?

Es ist immer das gleiche: Die Mutter, die ihr Kind verliert, das vom Spielen nicht mehr heimkommt – sei bitte pünktlich, hat sie ihm noch eingeschärft, und laß deine Jacke nicht wieder irgendwo liegen. Mein Gott, gab es nichts Wichtigeres mehr zu sagen? Die jungen Leute, die nach einer Disconacht mit dem Auto gegen einen Chausseebaum rasen. Das kann doch gar nicht sein, heute sollte doch Geburtstag gefeiert werden – kommt bloß nicht so furchtbar spät nach Hause, hatte man sie gebeten, morgen wird's anstrengend. Abschiednehmen von jemandem, auf dessen Gehen niemand vorbereitet war, Abschied von einem, der noch lange, lange hätte bleiben sollen, der scheinbar noch alle Zeit dieser Welt hatte – ein solcher Abschied ist fast unerträglich. Da wird dann nebensächlich, wer was am Grabe spricht, denn was auch gesagt wird, es erreicht die Menschen nicht, die betroffen sind. Eine Frau, deren kleiner Sohn auf dem Lande von einem Auto erfaßt und getötet wurde, nahm an der Beerdigung nicht teil und wollte nicht wissen, wo das Grab war. Sie brauchte Jahre, bis sie wirklich von dem Kind Abschied genommen hatte.

Ich komme über seinen Tod nicht weg; wer das sagt, ist zum Abschiednehmen noch nicht fähig. Man muß ihm Zeit lassen. Die Feier für einen Toten mag ergreifend und jenseits aller Klischees gewesen sein, aber der eigentliche Abschied vollzieht sich nicht draußen. Erst wenn es uns möglich geworden ist, zu akzeptieren, was geschehen ist, haben wir wirklich Abschied genommen. Bis dahin kann es ein weiter Weg sein; es ist immer ein sehr einsamer. Jeder muß ihn allein gehen, andere können höchstens versuchen, hin und wieder ein wenig Hilfestellung zu geben. Geduld ist nötig, viel Geduld. Dazu gehört auch, daß man Verzweiflung, Trauer, Auflehnung und sogar Wut zuläßt. Nein, machen wir uns nichts vor – die Zeit heilt nicht. Aber sie läßt uns mit den Jahren lernen, mit der Trauer umzugehen. Verzweiflung und das Gefühl ohnmächtiger Wut (Warum gerade ich...) werden langsam verschwinden. Zuletzt wird nur noch Liebe dasein, ja, und auch immer noch Trauer, nur wird sie erträglich geworden sein. Trauer und Liebe, beides gehört zum Abschied. Wer das begriffen hat, wird damit leben können.

Abschied nehmen...

...vom Sommer

Das kann ich meinem alten Freund, dem Wiener Schriftsteller Hans Weigel, nur schwer verzeihen: daß er mir mein allerschönstes Sommer-Abschiedsgedicht madig gemacht hat, Rilkes »Herbsttag«. In seinem Buch »Große Mücken, kleine Elefanten« muß Weigel in einer, zugegeben, witzigen Glosse ausgerechnet den Rilke auseinandernehmen. O-Ton Rilke: »Herr: es ist Zeit. Der Sommer war sehr groß. Leg deinen Schatten auf die Sonnenuhren und auf den Fluren laß die Winde los...« Und was fällt Weigel dazu ein? Zum Beispiel dies: »Der Autor ruft Gott an, teilt ihm mit, was bekannt ist: daß der Sommer sehr groß war, was immer das bedeuten mag, und fordert ihn eher rüde zu etwas auf, was selbstverständlich ist. Ob's der Autor reklamiert oder nicht: der Schatten wird sich auf die Sonnenuhren legen.«
Wenn ich zu gegebener Zeit elegischen Abschied vom Sommer nehmen will, muß ich auf das Rilke-Gedicht jedenfalls verzichten. Selbst wenn ich es, Weigel zum Trotz, lese, fallen mir sofort seine ernüchternden Kommentare ein. Soviel zum Thema Lyrik und Sommerabschied.
Im alltäglichen Leben, womöglich noch in einer Großstadt, hat man natürlich wenig Gelegenheit, Schatten auf Sonnenuhren zu beobachten. Fluren, auf denen die Winde losgelassen werden, sind auch nicht vorhanden, dafür Straßen, auf denen es immer zugiger und kälter wird.
Der Wetterbericht teilt mit, daß die ersten Herbststürme zu erwarten sind. Ein leichter Nieselregen beginnt und hört nicht eher auf, bis wir die Balkon- und Gartenmöbel abgeräumt haben. Was für die Wassersportlerinnen das Abse-

geln sein mag, ist für Gartenbesitzerinnen das Einholen der Liegestühle. Normale Stühle und Tische dürfen ein bißchen länger draußen bleiben, wahrscheinlich kommt noch ein Sonnenstündchen, das wir ausnutzen können. Aber die Liegestuhlzeit ist um. Man weiß es, auch ohne Nieselregen. Was nützt es, daß die Balkonblumen sich noch tapfer halten, daß der Garten noch so tut, als bliebe er ewig grün und bunt? Erste gelb und rot gefärbte Blätter werden gesichtet. Es fängt an zu herbsteln, stellt unsere Nachbarin besorgt fest und fügt hinzu, daß die Tage nun doch schon merkbar kürzer würden. Der Kalender signalisiert Ende September: Herbstanfang!
Die amtliche Feststellung »Ende der Sommerzeit« weckt Trotz in uns. Die haben uns gar nichts vorzuschreiben! Wir werden zwar die Uhren zurückstellen, aber uns vorbehalten, ob wir unseren ganz persönlichen Abschied vom Sommer bereits vollziehen.
Ist es Einbildung, oder fällt uns die Trennung wirklich von Jahr zu Jahr schwerer? Nein, sie fällt uns nicht schwerer, wir nehmen sie nur bewußter wahr. Vielleicht, weil wir mit zunehmendem Alter den Sommer mehr genießen, sofern er denn einigermaßen genießbar war. Wir haben mehr Zeit für ihn. Sobald die Sonne scheint, können wir es uns im Garten oder auf dem Balkon bequem machen, und das zu jeder Tageszeit. Dieser Vorteil führt dazu, daß Jüngere und Ältere oft völlig geteilter Meinung darüber sind, ob es ein guter oder ein schlechter Sommer war: wer den ganzen Tag im Büro hockt oder hinterm Ladentisch steht, wem nur das Wochenende oder die Abendstunden zum Sommergenießen bleiben, mißt die Sommer-Qualität an der eigenen verregneten Freizeit.
Doch wie gut oder schlecht der Sommer auch gewesen sein mag, alle seufzen ihm hinterher. Jaja, es hat zuviel gereg-

net, obwohl die Wetterstatistik grundsätzlich etwas anderes errechnet, aber trotzdem... Und dann war da der Urlaub! Die Reise ans Meer oder ins Gebirge, jedenfalls in eine Gegend, wo eitel Sonnenschein herrschte. Die Freuden des Sommers. Das macht ja überhaupt erst so richtig melancholisch, daß mit dem Sommer auch die Ferienzeit vorbei ist, jedenfalls für die meisten. Und wenn man raffiniert sein und den Sommer verlängern will, indem man die Ferien in den Herbst verlegt, hat man auch nicht viel gewonnen. Bei der Rückkehr aus Wärme, Sonne und Blütenpracht gerät man übergangslos in Nässe, Kälte und Dunkelheit. Der verlängerte Sommer endet mit einem veritablen Schnupfen.

Belassen wir es also lieber bei dem normalen, eher doch sanften Sommerabschied, bei dem wir nicht von heute auf morgen in den Herbst katapultiert, sondern Schritt für Schritt an ihn herangeführt werden. Es wird ja nicht von heut auf morgen ganz früh wieder dunkel und morgens erst ganz spät wieder hell. Alles vollzieht sich sehr langsam, wie in Zeitlupe, fast geheimnisvoll, und wenn man nicht auf‍paßt, kann es tatsächlich sein, daß man eines Tages erschrocken davon überrascht wird: O Gott, der Herbst ist da! Es ist ein bißchen so wie mit dem Älterwerden. Jahrelang gucken wir sozusagen überhaupt nicht hin, und plötzlich stellen wir fest, daß aus den paar weißen Haaren ein als solcher nicht mehr zu übersehender grauer Kopf geworden ist.

Die Zeit vergeht so schnell, und bis zum nächsten Sommer dauert es noch so lange. Das klingt unlogisch. Aber es *ist* so. Je mehr wir uns vom Sommer entfernen, je grauer und dunkler es draußen wird, desto unmöglicher erscheint uns, daß es überhaupt jemals wieder einen Sommer geben wird. Was wir in den Zeitungen über Klimaveränderungen lesen, stimmt uns auch nicht zuversichtlicher. Was, wenn sie uns den guten alten Sommer, verregnet oder nicht, wirklich kaputtmachen? Gibt es nicht schon Anzeichen dafür, daß sie auf dem besten Wege dazu sind? Sind die Sommer in den letzten Jahren nicht immer kälter, nasser, unsommerlicher geworden? Andererseits hat aber schon Heinrich Heine vom Sommer, der nur ein grün angestrichener Winter war, gesprochen. Es muß also immer solche und solche Sommer gegeben haben, zu kalte, zu nasse, wahrscheinlich sogar zu heiße. Das ist ein Trost. Auf alles können wir verzichten, aber nicht auf unseren Sommer.

Irgendwann werden wir damit beschäftigt sein, die Fotos von der Urlaubsreise, von der Gartenparty, vom Balkonfest, vom Ausflug ans Meer zu sichten, die Spreu vom Weizen zu trennen und die Auslese ins Album oder auf einen Wandkalender (sehr in!) zu kleben. So holen wir uns listig den Sommer zurück, wenigstens im Bilde. Während der Regen an die Fenster poltert, betrachten wir uns. Ich sehe mich auf einer Düne in Dänemark vor einem schaumgekrönten blauen Meer. Die Tochter mit Freund und Motorrad beim Campen in Portugal. Eine wunderbare blühende Wiese in Altaussee. Nein, dieses Foto ist alt, ist im großen Wühlkarton irgendwie zwischen die Bilder vom vergangenen Sommer geraten. Aber schon habe ich den steirischen Sommer von damals – es liegt Jahre zurück – wieder leibhaftig vor Augen. Die Wiese gehörte zum Abendspaziergang, manchmal konnten wir von dort Drachenflieger beobachten, die Tochter und ich. Später saßen wir noch lange auf der Terrasse des alten Hotels, in dem wir wohnten, saßen direkt überm See, die Trisselwand und der Loser verschwanden allmählich in der Dunkelheit, die Sterne gaben sich zu erkennen, auf der anderen Seeseite blitzten bunte Lichterketten, drüben wurde ein Gartenfest gefeiert.

Ich kann mich noch sehr gut an ein Gespräch erinnern, in dem ich meiner Tochter emphatisch mitteilte, irgendwann würde ich hier leben wollen. Sie war skeptisch, und natürlich hatte sie recht: es war eine typische Sommeridee.
Bei mir war es das steirische Salzkammergut, bei anderen ist es Dänemark, Südfrankreich oder die Toscana. Zu keiner anderen Jahreszeit ist der Mensch so bereit zur Veränderung. Der Sommer bringt uns auf Touren, lockt uns aus der Reserve, wir fangen an, Pläne zu schmieden, am liebsten würden wir alles erneuern, was uns in der Wohnung auf einmal alt und verstaubt vorkommt, Möbel rausschmeißen, Balkons veredeln, Gärten umarbeiten. Wahrscheinlich tun wir nichts von alledem, der Sommer ist nicht lang genug, auch nur eine einzige Idee in die Tat umzusetzen. Allenfalls streichen wir die Küche neu.
Ich bin nicht nach Altaussee gezogen und werde es wohl auch nie tun. Wenn ich das Foto von der Sommerwiese anschaue, könnte ich allerdings schwach werden. Aber das liegt am Herbst, der nun unübersehbar da ist (und auch in Altaussee ist kein bißchen Sommer mehr, sage ich mir). Die letzten Balkonblumen haben kapituliert. Alle Gartenmöbel, bis auf die von der winterfesten Sorte, sind in Schuppen und Kellern verschwunden. Das Foto mit der Sommerwiese wird wieder in den großen Wühlkarton gesteckt.
Ja, von diesem Sommer und all den anderen Sommern bleibt nichts als ein Kasten mit Fotos. Und das ist schon viel! Die ganz, ganz alten Familienfotos aus allerfernsten Sommertagen sind Kostbarkeiten. Badewagen an der Nordsee, züchtig getrennt für Damen und Herren, Urgroßmama im gerüschten Badekleid und mit Badehaube, Urgroßpapa dagegen mit geradezu verwegen kurzer Badehose, fast sexy. Riesige Sandburgen mit Muschelmustern

und davor kleine Mädchen in artigen Badeanzügen, mit großen Haarschleifen und Sonnenbrand. Die ganze Familie auf der Überfahrt nach Helgoland, noch lachen alle, aber bald werden sie seekrank werden, diese Story wird von Generation zu Generation weitergegeben. Wir wissen natürlich, daß auch damals nicht unentwegt die Sonne schien, obwohl das auf den Fotos so aussieht. Damals wie heute wurde offenbar nur die Schokoladenseite des Sommers im Foto festgehalten. Regenschirme tauchen niemals auf, nur Sonnenschirme. Und die Gärten, in denen gefeiert wurde! Mit Vorliebe am Nachmittag, damit die Kinder – adrett in Matrosenanzügen und gesmokten Kleidchen – auch dabeisein konnten. Auf den Fotos sitzen und stehen zwar alle etwas steifleinen um riesige Tische herum, auf denen bauchige Kaffeekannen und gewaltige Kuchenschüsseln verteilt sind. Man hört den Fotografen sagen: »Bitte recht freundlich und stillhalten, stillhalten!« Aber sie haben bestimmt ihren Spaß gehabt dabei, auch wenn man's ihnen nicht unbedingt ansieht auf den Bildern.
Der Sommer, ein Fest, das gefeiert werden muß. Draußen! Das ist der Punkt: das Leben findet im Freien statt. Nichts Besonderes für Leute, die dort leben, wo der Sommer ewig währt. Aber für uns im mehr oder weniger kalten Teil von Europa sind das Zauberworte: im Garten liegen. Auf dem Balkon frühstücken. Picknick im Stadtpark. Rudern auf der Alster. Abends Freunde im Gartenlokal treffen. Im Straßencafé nach dem Einkaufsbummel verschnaufen.
Wenn ein schönes Fest zu Ende geht, sind wir ein bißchen betrübt. Der Sommer *ist* so ein Fest, auch wenn es zuviel geregnet hat und viel zu oft viel zu kalt war. Wenn er sich seinem Ende zuneigt, möchten wir ihn festhalten, trotz aller seiner Schönheitsfehler. Er war der Höhepunkt des Jahres. Irgendwie waren wir anders in dieser Zeit. Eine Nuß-

schale von Balkon, ein winziger Garten, ein Stadtpark in unserer Nähe genügten, wir fühlten uns (nicht immer, aber oft) freier und leichter. Draußen! Auch wenn die Luft nicht die allerbeste war. Der Herbst, gegen den ja sonst gar nichts einzuwenden ist, sperrt uns wieder ein. »Wer jetzt kein Haus hat, baut sich keines mehr« – um noch einmal auf Rilke und sein Herbstgedicht zurückzukommen und auf diesen unmöglichen Hans Weigel, der – ha! – diese eine Zeile bestehen läßt, weil: »Sie gibt einen Tatbestand, eine Stimmung wieder: Herbst.« In diese Häuser also ziehen wir uns nun wieder zurück. Wenn wir Glück haben, sind sie komfortabel. Klar, das wird ganz gemütlich sein, und überhaupt, jede Jahreszeit ist auf ihre Art schön, und der nächste Sommer kommt bestimmt und so weiter und so fort.

Geschenkt. Wir wissen das ja. Und auch, daß es Leute gibt, die eine besondere Vorliebe für den Frühling haben oder für den Herbst, oder sogar für den Winter – allerdings meinen sie damit gewiß nicht den Stadt-Winter, sondern das verschneite Bergdorf und die Skipiste. (Die Wiese in Altaussee, schneeweiß.) Aber empfindsamen Abschied nehmen auch diese Leute nur vom Sommer – selbst wenn sie das gar nicht merken, sondern nur brummig feststellen, daß sie sich deprimiert fühlen, weil das Wetter so schlecht ist. Der Herbst, liebe Leute, ist eben nicht nur golden, im Frühling schneit es manchmal noch, und der Winter ist ja nicht mal zu Weihnachten ordentlich weiß.

Insgeheim warten wir doch alle auf den nächsten Sommer. Wie meinte Rilke? »...wachen, lesen, lange Briefe schreiben...« Vielleicht. Einige von uns aber werden schon wieder in bunten Reiseprospekten für die Sommerferien blättern. Das wärmt nicht, aber es tröstet.

Abschied nehmen...

...von den langen
Haaren

Als die berühmte mexikanische Malerin Frida Kahlo wieder einmal von ihrem Mann betrogen wurde, machte sie wahr, was sie ihm angedroht hatte: Sie schnitt sich ihre wunderschönen langen Haare ab. Das Selbstporträt, das sie danach malt, zeigt eine bitter blickende Frau mit streichholzkurzen Haaren, steif im dunklen Männeranzug auf einem gelben Stuhl sitzend. An den Streben hängen noch ein paar schwarze Flechten. Strähnen ihres Haars liegen überall am Boden. Über ihr Bild hat Frida Kahlo den Anfang eines Volkslieds geschrieben, in dem sich ein Mann an seine einstige Geliebte wendet: »Sieh, als ich dich liebte, war es wegen der Haare. Jetzt, wo sie abgeschnitten sind, liebe ich dich nicht mehr.«
Abschied von den Haaren, Abschied von der Liebe. Deutlicher konnte sie es ihm wohl nicht sagen.
Wenn die Haare fallen, geht es selten nur darum, daß eine Frau gern mal eine andere Frisur ausprobieren möchte. Wenn's nur das wäre, hätte sie eine Menge Möglichkeiten gehabt, wie jede weiß, deren Haare einmal lang waren. Es geht auch nicht darum, daß lange Haare nicht besonders praktisch sind, weil sie mehr Pflege und damit mehr Zeit beanspruchen, als manche erübrigen kann und will.
Bei langen Haaren hört der Sinn fürs Praktische im allgemeinen auf. Kaiserin Elisabeth von Österreich, die legendäre »Sissi«, trieb einen wahren Kult mit ihren fersenlangen (!) Haaren. Die Haarwäsche (Kognak, Ei und kostbare Essenzen) fand alle drei Wochen statt und nahm einen vollen Tag in Anspruch. Die normale tägliche Haarpflege dauerte etwa drei Stunden. Brigitte Hamann berichtet in

ihrer »Elisabeth«-Biographie: »Das Gewicht der Haarfluten war so groß, daß Elisabeth manchmal davon Kopfweh bekam. In solchen Fällen blieb sie morgens stundenlang in ihren Appartements sitzen, die Haare mit Bändern in der Höhe aufgehängt. So wurde das Gewicht der Haare verringert, und es kam Luft auf den schmerzenden Kopf.« Kein Wunder, daß Elisabeth einmal sagte: »Ich fühle mein Haar. Es ist wie ein fremder Körper auf meinem Kopf.«
Auch wenn sie es nicht bis zur Fersenlänge gebracht hat: Keine Frau schneidet die in vielen Jahren gewachsene Haarpracht einfach ritschratsch ab, nur weil sie etwas umständlich zu handhaben ist. Frida Kahlo hat unumwunden erklärt, warum sie sich von ihren langen Haaren trennen wollte. Möglich, daß vielen anderen Frauen der Grund selbst nicht so genau bekannt ist, vielleicht weil die Verständigung mit ihrem Unterbewußtsein nicht recht klappt. Aber vielleicht glauben sie wirklich an die oberflächlichen Gründe für ihren Radikalschnitt. Sie müssen ja auch nicht gleich zur Psychotherapeutin gehen, nur weil sie plötzlich finden, daß die Haare fallen sollen.
Die amerikanische Zeitschrift »Glamour« untersuchte vor zwanzig Jahren in einer Reportage, »was Haar für Ihr Selbstbewußtsein bedeutet«. Gezeigt wurden dabei Fotos berühmter Zeitgenossinnen, die durch neue Frisuren ihr Image verändert hatten. Selbstverständlich, so folgerte »Glamour«, habe das in erster Linie etwas mit Mode zu tun, aber ein gewisser psychologischer Einfluß sei wohl nicht von der Hand zu weisen. Jedenfalls war es kaum ein Zufall, daß die prominenten Frauen sich gerade zu dem Zeitpunkt für eine neue Frisur entschlossen, wo es in ihrem Leben einschneidende Veränderungen gab. Drei Beispiele: Mia Farrow, Jane Fonda und Jacqueline Kennedy-Onassis. Die Farrow trennte sich von ihrem langen Haar nach

einer bedeutungsvollen Reise mit Frank Sinatra. Salvador Dali sprach damals von einem »mythischen Selbstmord«. Jane Fonda schnitt sich die Haare ab, nachdem sie von Regisseur Roger Vadim geschieden war und sich der Politik zuwandte. Vielleicht, so mutmaßte »Glamour«, hatte sie schon einmal mit ihrer Frisur Protest angemeldet: Als junge Mutter trug sie langes Haar »wie ein Sexstar« – durchaus unüblich zu jener Zeit, nicht nur in Amerika. Von einer jungen Ehefrau und Mutter wurde erwartet, daß sie sich so gußeisern ordentlich frisierte wie Doris Day – oder wie Jacqueline Kennedy, die freilich selbst dem steifen Modetrend der fünfziger, sechziger Jahre noch Pfiff zu geben verstand. Doch auch Mrs. Kennedy trennte sich von ihrer Frisur, die Millionen Frauen Vorbild gewesen war. Nachdem sie nicht mehr die Amtsbürde einer First Lady mit sich schleppen mußte, ließ sie ihre Haare wachsen. »Natürlich folgte sie damit einem Modetrend«, erklärt »Glamour«, »aber wahrscheinlich war es eine Mode, die ihrem Temperament mehr lag...« In Hollywood gab es übrigens schon in den frühen dreißiger Jahren den Protest eines Stars gegen sein zementiertes Image als Sexsymbol. Jean Harlow, als Vamp abgestempelt, ließ sich ihr Markenzeichen, die platinblonde Haarpracht, radikal abschneiden. Ihr Versuch auszubrechen war vergebens. Ob sie es noch einmal versuchte, ist nicht bekannt. Sie starb sehr jung.

In der deutschen Frauenzeitschrift »Brigitte« hieß die beliebteste, wenn auch heftig kritisierte Serie »Machen Sie das Beste aus Ihrem Typ«. Sie lief jahrzehntelang! Im Mittelpunkt der Reportagen standen Frauen von jung bis alt, die mit ihrem Aussehen nicht mehr zufrieden gewesen waren und die Redaktion um Hilfestellung gebeten hatten. Fotos zeigten sie vor und nach der Beratung – immer wieder Anlaß zu Streit, auch innerhalb der Redaktion, weil manche Kollegin meinte, vorher habe diese Frau besser ausgesehen. Entstanden war der Erfolgsknüller durch puren Zufall. Eine Leserin, Schuhverkäuferin in Berlin, hatte der »Brigitte«, zu der ich damals auch gehörte, einen langen Brief geschrieben. Sie wünschte sich eine modische und kosmetische Beratung, denn ihr Aussehen gefiel ihr nicht mehr. Das Foto, das sie mitschickte, überraschte uns: Es zeigte eine junge, durchaus hübsche Frau, an der wir eigentlich nichts entdeckten, was unbedingt hätte korrigiert werden müssen. Aber eine Kollegin fuhr nach Berlin und versuchte, zu erforschen, warum diese Frau unbedingt anders aussehen wollte. Es stellte sich heraus, daß es eine ganze Menge Gründe gab, berufliche und private. Eigentlich war sie weniger mit ihrem Aussehen als mit ihrem Leben unzufrieden. Eine neue Frisur, eine andere Garderobe – das sollte nur der Anfang sein. Der erste Schritt. Natürlich war eine solche Veränderung leichter zu bewerkstelligen, als den Job aufzukündigen und den Partner zu wechseln. Wir berieten sie also nach bestem Können, und das Resultat gefiel ihr. Sie war, nach anfänglichem Zögern, auch damit einverstanden, daß wir ihre Vorher- und Nachher-Fotos veröffentlichten. Die Reportage erschien und brachte uns einen Haufen Post. Viele Leserinnen schickten uns ihre Fotos und baten um »Verschönerung«. Und wieder konnten wir bei manchen dieser Bilder nur staunen: Warum, um Himmels willen, wollten diese hübschen Frauen »anders« aussehen?

Sie hatten ihre Gründe. Nicht immer erfuhren wir, welche. Aber die meisten Frauen sprachen sich ganz gern mit uns über ihre wirklichen Probleme aus. Da stand die Trennung vom Partner bevor oder ein Berufswechsel. Da sollte geheiratet werden – kein Problem, aber ein Anlaß, sich auch äußerlich zu verändern. Oder eine Frischgeschiedene wünschte sich ein neues Gesicht. Sehr junge Frauen, die gerade von der Schule kamen, an die Universität oder in eine Lehre gingen, wollten »erwachsener« aussehen. Dafür mußte die Frisur modisch kürzer sein. Manchmal beschworen wir die Frauen geradezu, sich die Sache doch noch mal zu überlegen, bevor sie ihre Mähne opferten. Manchmal wirkte das, aber meistens blieb es dabei: das lange Haar kam unters Messer. Wenn es dann passiert war, gab es keine späte Reue. Das neue Spiegelbild wurde akzeptiert.

Verabschiedeten sich die einen von ihren Haaren, so die anderen von ihren Pfunden. Frauen schrieben uns, die sich jahrelang als gemütliche Dickerchen wohl gefühlt und ganz in Ordnung gefunden hatten. Nun auf einmal wurde ihnen das buchstäblich zuviel. Nein, es lag nicht daran, daß der – meist ebenfalls rundliche – Ehepartner zu meckern angefangen hatte und gertenschlanken Mannequinfiguren unziemlich hinterherblickte. Im Gegenteil: er fand die Idee abzunehmen überhaupt nicht gut, nicht für seine Frau, noch weniger für sich selbst. Wenn sie schon unbedingt Diät halten wollte, sollte sie das allein machen (was die Angelegenheit für sie erschwerte).

Das Haarabschneiden funktioniert im Ruckzuckverfahren, das Abnehmen nicht. Eine bekömmliche Diät braucht Zeit und Geduld, und wer beides nicht aufbringen konnte oder wollte, sprang bald wieder ab. Doch gerade die Frauen, die Dutzende von Kilos loswerden wollten, Frauen, bei denen sich die ersten sichtbaren Erfolge erst nach vielen Monaten zeigten, gerade sie blieben eisern. Manchmal konnten wir es selbst nicht glauben, wenn wir die Fotos vor und nach der Diätkur verglichen. Eine völlig neue Frau war zum Vorschein gekommen. Aber nicht nur ihre alten Kleider paßten ihr nun nicht mehr. Auch aus ihrer Partnerbeziehung war sie allmählich herausgewachsen. Die gemütliche Dicke, zu der ihr Mann »Mutti« sagte, obwohl sie erst zweiunddreißig war, gab es nicht mehr. In manchen Fällen überstand die Partnerschaft die Krise, in manchen nicht. Wichtig war, daß der Mann begriff und akzeptierte: die Frau hatte nicht aus einer modischen Laune heraus abgespeckt, sondern aus Protest gegen das Leben, das sie führte. Etwas hatte nicht gestimmt zwischen ihnen, auch wenn es vielleicht nie ausgesprochen wurde. Jetzt lag das Problem offenkundig da, und wenn sie zusammenbleiben wollten, mußten sie es gemeinsam schaffen. Erstaunlich, was bei so etwas scheinbar Harmlosem wie einer Diätkur aus dem Unterbewußtsein zutage kommt. Jedenfalls sind es bestimmt nicht nur die Pfunde, die einer Diätentschlossenen das Leben schwermachen.

Nicht nur Frauen, auch Männer tragen heutzutage lange Haare. Oder auch nicht. Manchmal ist es kurios: Zur selben Zeit, in der die Frau beschließt, ihre Haare wieder wachsen zu lassen, säbelt der Mann seine Mähne ab. Ein Zeichen für männliche Emanzipation? Ein Abschied vom Softie? Der Entschluß: Ich lasse mir nicht mehr alles von ihr gefallen, jetzt hau' ich auf den Tisch? Wer weiß. Ich will nicht zuviel in die kurzen Haare hineingeheimnissen, aber ein bißchen mehr als pure Bequemlichkeit steckt auch dahinter, wenn Männer Haare lassen.

Ehemalige Bartträger könnten das bestätigen. Zum Freundeskreis meiner Tochter gehörte ein junger Mann, den ich kaum wiedererkannte, nachdem sein Vollbart verschwunden war. Er hatte ihn sorgsam wachsen lassen und liebevoll gepflegt, eigentlich sah er recht gut damit aus. Älter natürlich, und genau das war seine Absicht gewesen. Sehr jung, wie er war, hatte er es schon bis zum selbständigen Unternehmer gebracht. Es dauerte eine Weile, bis er Grund unter den Füßen hatte. Als das geschehen war, ließ er sich den Bart abnehmen. Sein Kommentar: »Ich brauche mich nicht mehr älter zu machen und mein Gesicht zu verstecken.« Es war übrigens das Gesicht, das ich immer hinter dem Rauschebart vermutet hatte: ein weiches, sympathisches Jungengesicht, auch wenn es inzwischen reifer geworden und sogar schon ein wenig von Streß gezeichnet war. Vermutlich genügten diese ersten Spuren des sogenannten harten Lebens, um seine Klientel davon zu überzeugen, daß sie mit einem erwachsenen Mann verhandelte. Diesem jungen Mann war es nie darum gegangen, wie gut oder schlecht ihn der Bart kleidete. Er hatte keine Mode mitmachen, sondern etwas sehr Persönliches damit aussagen wollen: Ich bin älter und reifer als meinen Jahren nach.

Haare als Weltanschauung, Glatzen als politisches oder religiöses Bekenntnis. Die blankköpfigen Skinheads demonstrieren – leider nicht nur mit ihrer Haarlosigkeit – die Abkehr von einer ihrer Meinung nach hassenswerten Gesellschaft. Friedfertiger verabschieden sich die ebenfalls kahlen Hare-Krishna-Jünger. Ob buddhistischer Mönch, ob Klosternovizin: Der Abschied von den Haaren signalisiert das Betreten von Neuland, die äußere Veränderung offenbart den Vollzug. Was hier freiwillig geschieht, wird unter Zwang zur brutalen Demütigung. Den Kollaborateurinnen in Frankreich und Holland schor man den Kopf, bevor man sie durch die Straßen trieb. In Gefangenencamps und Konzentrationslagern wurden männliche und weibliche Köpfe geschoren, angeblich um Seuchen zu vermeiden, aber in erster Linie gehörte es zum Ritual der Erniedrigung.

Wir alle leben mit Ritualen, was unsere äußere Erscheinung angeht. Auch wenn es uns kaum bewußt wird und wir es abstreiten. Um uns das klarzumachen, brauchen wir nur in unseren Kleiderschrank zu schauen. Ach, da hängt doch nur, was man so braucht, wenn möglich, ein bißchen Luxus. Richtig, da staubt auch ein Pelzmantel langsam, aber sicher vor sich hin. Wirklich aus der Mode gekommen ist er nicht, aber tragen mag ihn die einst stolze Besitzerin nicht mehr. Ein Pelz gehörte zu einem ganz bestimmten Ritual. Natürlich war er auch ein Statussymbol. Die Frau, die ihn besaß, zeigte damit an, daß sie zu einer Sorte Mensch gehörte, die sich ein wenig mehr leisten konnte. Sie hatte sich den Duft der großen weiten Welt in ihren sonst eher bescheidenen Kleiderschrank geholt. Allmählich aber setzte sich die Erkenntnis durch, daß nur ein Nerz berechtigt war, einen Nerzpelz zu tragen. Die unrechtmäßige Besitzerin begann sich zu schämen, und das teure Stück blieb künftig im Schrank versteckt – auch weil es inzwischen militante Tierschützerinnen gab, die bereit waren, Damen im Pelz auf denselben zu rücken. Zum Kummer der Rauchwarenbranche verzichteten mehr und mehr potentielle Kundinnen auf die Ausübung eines uralten, weltumspannenden Rituals: zu besonderen Gelegenheiten in einen Pelz zu schlüpfen. Niemand sah sich gern der Gefahr ausgesetzt, bei Opernpremieren und Galaempfängen mit Farbe besprüht zu werden. Aber nicht nur deshalb geriet der Pelz ins Abseits. Die Mehrzahl der Frauen (hoffe ich) begann darüber nachzudenken, woher ihr Pelz eigentlich stammte. Von Wildkatzen, die vom Aussterben bedroht wurden, von Käfigtieren, die weder artgerecht lebten noch starben. Nein, direkt aus der Mode kam der Pelz nicht. Aber er gehörte nicht mehr zum Ritual des Schönseins. Die Stars, die nun auf Leopard und Zobel verzichteten, lebten es ihren bescheideneren Schwestern sozusagen vor. Und daß J. R.

in »Dallas« seine Favoritinnen noch mit edlen Fellen verwöhnte, machte den Pelz erst recht suspekt.
Neuerdings, so höre ich nun aber, will sich der Pelz mit einem Trick wieder bei uns einzuschmeicheln versuchen. Ein berühmter deutscher Couturier bemüht sich, ihm ein Comeback zu verschaffen, indem er behauptet, echter Pelz sei umweltfreundlicher als Kunststoffell und bedrohte Tierarten würden ja sowieso nicht dafür gehäutet. Ich hoffe, sein Vorstoß wird abgeschmettert, obwohl ich selbst noch einen Pelz im Schrank habe und ihn, wenn auch mit schlechtem Gewissen, dann und wann trage. Kaufen würde ich mir keinen wieder. Und die Mehrzahl der Frauen, da bin ich ziemlich sicher, hat sich vom Pelz als Statussymbol und Luxustraum verabschiedet. Er gehört zu einem überholten Ritual.
Abgesehen vom Pelz – es hat nicht nur etwas mit der Mode oder mit Figurproblemen zu tun, wenn eine Frau in ihrem Kleiderschrank Kehraus veranstaltet. Und es ist nicht nur eine Frage des Geldes, ob sie das tut. Manche, die es sich leisten könnte, den ganzen Kram auszuräumen, hortet ihn, wenn es nicht anders geht, in Koffern auf dem Dachboden. Andere mit keineswegs üppigem Konto brauchen die jährliche Garderoben-Erneuerung wie andere eine Luftveränderung. Sicher, bei der einen spielt der Gedanke mit, daß sie dieses oder jenes doch noch einmal gebrauchen könnte. Aber Sachen, die sie dafür erst aus einem Koffer klauben müßte? Ist es nicht eher so, daß sie Erinnerungen festhalten möchte, die ihr vielleicht verlorengehen, wenn sie sich von ein paar Fetzen Stoff trennt? Die Frau, die rigoros ausrangiert, hat diese Bedenken nicht. Sie ist kein konservativer Typ. Es fällt ihr nicht schwer, sich von etwas zu verabschieden, das sie für überholt hält. Manchmal kann es ihr dabei schon passieren, daß sie ein bißchen übereilt vor-

prescht und es später bedauert, etwas Bestimmtes ausrangiert zu haben. Aber das geschieht selten, und ihr Bedauern hält nicht lange an.
Sie hat ein Händchen dafür, über Bord zu werfen, was Ballast geworden ist. Wahrscheinlich gehört sie auch zu denen, die den nicht gerade originellen, aber wirksamen Rat befolgen, ein kleiner Einkaufsbummel sei das beste Mittel gegen Trübsinnigkeit. Tatsächlich kommt diese alte Binsenweisheit ja nicht von ungefähr. Wir alle wissen: In solchem Zustand kann es schon ein bißchen trösten, mit einem bunten Tuch oder einer kleinen Ansteckblume am Revers aus dem Laden zu gehen. Wir sehnen uns einfach nach irgend etwas Neuem – das macht uns kindischerweise Hoffnung darauf, daß unsere beklagenswerte Gesamtsituation sich bessert. Dann gucken wir in den Spiegel und fühlen uns langsam wohler. Vielleicht endet der Einkaufsbummel auch damit, daß wir einen schicken kleinen Hut erstehen und zu Hause sofort die blöde alte Kappe wegwerfen, die wir meistens aufsetzen. Unser Problem ist damit nicht beseitigt, aber wenigstens haben wir wieder mal eine Symbolhandlung vollzogen und uns von etwas getrennt, was wir eigentlich schon lange nicht mehr mochten.

Abschied nehmen...

...von den Kindern

Man soll die Zweijährigen nicht aussterben lassen.« Der Mann, der das sagte, war Vater von sechs Kindern. Sein hübsches Bonmot machte im Freundeskreis die Runde, alle lachten, aber nicht alle stimmten ihm zu. Irgendwann, befanden in erster Linie die Mütter, müßte auch mal Schluß sein mit dem eigenen Nachwuchs, zumal es als beinahe sicher gelten könne, daß sich in nicht allzu ferner Zeit die ersten Enkel einfinden würden: kein Grund also zu befürchten, daß die Zweijährigen aussterben könnten.

Erst im Laufe der Zeit ist mir aufgegangen, was eigentlich hinter dem Bonmot steckt. Die berechtigte Sorge, daß die Kinder eines Tages aus dem Haus gehen werden, allesamt, auch die Zweijährigen wachsen heran und verkrümeln sich irgendwann, aber die Nachzügler behält man wenigstens ein bißchen länger, die bleiben einem noch, wenn die anderen schon fort sind. Den Abschied von den Kindern hinauszögern, mehr läßt sich nicht tun. Es ist nur eine Frage der Zeit, wann auch die Kleinste ihre Siebensachen packt und sich fröhlich, wenn auch mit ein bißchen Herzklopfen, ins Leben stürzt.

Wer wüßte das nicht, wer hätte nicht damit gerechnet, wer meinte nicht tapfer, das sei ganz in Ordnung so, und eigentlich wäre es ja auch ganz schön, wieder ein wenig mehr Zeit für sich selbst zu haben? Das alles ist richtig. Und ebenso richtig ist, daß die Eltern nicht nur mehr Zeit für sich haben werden, sondern daß auch für sie ein völlig neuer Lebensabschnitt beginnt.

Ein Fernsehspiel, »Sie und Er«, zeigte sehr anschaulich, wie das aussehen kann. Zunächst genießt das gutsituierte

Elternpaar in den besten Jahren – beide berufstätig – die zweiten Flitterwochen, nachdem Sohn und Tochter das Haus verlassen. Alles scheint harmonisch, für Sentimentalitäten hat keiner Zeit, und doch wird die Leere des Hauses spürbar, nicht nur durch zwei Zimmer, in denen nun keiner mehr wohnt. In einer kurzen Kameraeinstellung wird gezeigt, wie die Mutter sich in Gedanken versunken auf einer Kinderschaukel im Garten hin- und herwiegt. Sie scheint nicht traurig, eben nur nachdenklich. Aus dem Leben zu viert ist auf einmal wieder ein Leben zu zweit geworden. Wie wird das sein – nach den zweiten Flitterwochen? Nun, in diesem Fernsehspiel nicht gut. An einer Lächerlichkeit entzündet sich ein verbissener Streit.

Dem dramatischen Effekt zuliebe konstruiert oder nicht: Beziehungen sind schon an ganz anderen Nichtigkeiten gescheitert. Oder vielmehr, die Nichtigkeit, die da zu einer Staatsaffäre aufgebauscht wird, war nur Vorwand. Der Krach ließ die Spitze eines Eisbergs sichtbar werden. Das glückliche Ehepaar hat sich sein Glück schon lange nur vorgespielt – sehr überzeugt und überzeugend allerdings. Aber nun fehlen zwei wichtige Akteure im Spiel, der Handlungsfaden reißt, die Hauptdarsteller befinden sich plötzlich in einem ganz anderen Stück, dessen Happy-End fraglich ist.

Zum Glück geht es nicht immer so dramatisch zu, wenn die Kinder das Haus verlassen. Doch daß zunächst eine Leere entsteht, ist sicher. Es ist ja nicht nur, daß auf einmal ein Zimmer frei wird, daß sich Äußerlichkeiten ändern. Daß einer weniger am Tisch sitzt, daß in der Waschmaschine mehr Platz ist, daß das gewohnte »Mami, kannst du mal eben schnell...« entfällt: damit findet man sich bald ab. Die Mahlzeiten waren ohnehin schon lange meist keine gemeinsamen mehr – Söhne und Töchter, auf dem Absprung

von zu Hause, pflegen häufig anderswo zu essen, manchmal wahrscheinlich gar nicht, wenn sie Besseres vorhaben. Das kennt man schon. Aber irgendwann waren sie dann eben doch wieder da. Irgendwann, oft zu unmöglichen Zeiten, hockten sie in der Küche und waren bereit, ihre Probleme mit uns zu diskutieren. Jedenfalls blieben wir immer irgendwie auf dem laufenden über das, was bei ihnen so anlag, ob es sich um Schule, eine Beziehungskrise oder berufliche Pläne und Aussichten handelte. Wir kriegten unsere Informationen, manchmal wahrscheinlich mit Verspätung, aber wir kriegten sie. Selbstverständlich war viel Unwichtiges dabei, manches, worüber man eben so schwatzt, wenn man am Küchentisch zusammensitzt und Kakao trinkt, obwohl es weit nach Mitternacht ist. Aber über die Seelenlage von Sohn und/oder Tochter war man eigentlich immer im Bilde. Das ergab sich einfach so durch das Zusammenleben. Man war – wie heißt das beliebte Wort doch – in ständiger Kommunikation miteinander.
Das ist vorbei.
Nicht, daß sie uns Wichtiges von nun an verschweigen, die außerhäuslichen Kinder. Alles, was wir tatsächlich wissen müssen, wird uns getreulich berichtet, wenn auch nur noch in Kurzform. Wir werden durchaus auf dem neuesten Stand gehalten. Aber die Zeit des gemütlichen Schwatzens, auch über Unbedeutendes, ist vorüber. Die Gespräche sind eher gezielt als spontan. Die Seelenlage am Telefon auszuloten ist schon schwieriger. Auch lieben die meisten Söhne und Töchter es weniger, mit ihren Müttern oder Vätern lange Schwatzgespräche zu führen, so über alles und nichts, ganz locker, zwanglos im Plauderton. Sicher gibt es Ausnahmen, aber ich schätze, solche Töchter und Söhne gehören nicht mehr zur eben flügge gewordenen Generation. Die echten Nestflüchter benutzen das Telefon

nur aus rein praktischen Gründen, um einen Termin mit den Eltern auszumachen, eine wichtige Mitteilung durchzugeben oder kurz zu checken, ob es den alten Herrschaften gutgeht. Sicher, wir könnten so ein Gespräch mit ein paar Kunstgriffen verlängern, beispielsweise durch Bemerkungen zum TV-Programm vom Vorabend (dem Spätprogramm, das sie manchmal auch sehen). Aber schon merken wir, daß das Kind am anderen Ende der Leitung in Eile ist, und auf Nachfrage erfahren wir: »Du, sei nicht böse, aber ich muß eigentlich schon seit fünf Minuten aus dem Haus sein, wir proben mit der Band.« In Ordnung, klar, wir beenden die Unterhaltung, war ja auch nichts Wichtiges, und jetzt beunruhigt uns womöglich noch die Vorstellung, daß das Kind zu seinem Termin hetzen muß, nur weil wir es überflüssigerweise vollgeschwatzt haben. Ich übertreibe, ich weiß. Aber ein bißchen ist es schon so.

Das Kind ist unwiderruflich und endgültig kein Kind mehr, wenn es unser Haus verlassen hat, es ist ein eigenständiger Mensch mit einem eigenständigen Privatleben, von dem wir nur noch einen Bruchteil kennen, nicht weil das Kind uns böswillig etwas verschweigt, sondern weil sich das einfach so ergibt. Sein Privatleben ist unabhängig von uns geworden. Rein äußerlich ist die Situation die gleiche wie zwischen zwei Freundinnen, die zwar in derselben Stadt wohnen, aber nicht zusammen. Sie haben sich eine Menge zu erzählen, wenn sie telefonieren oder einander treffen, aber eine ebensolche Menge fällt auch durch den Raster, logischerweise. Bei der Freundin nehmen wir das als gegeben hin und machen uns keine Gedanken deswegen. Soweit es unsere Kinder betrifft, schmerzt es.

Wir werden damit leben müssen, daß der Abschied von den Kindern, die unser Haus verlassen, nicht nur ein äu-

ßerlicher ist, weiter nichts als eine kleine Ortsveränderung. Nein, so leicht kommen wir nicht davon. Wir müssen uns von etwas mehr verabschieden, und es ist wichtig, daß wir uns das klarmachen. Die Kinder, wann immer sie wieder in unser Haus kommen, werden in Zukunft Gäste sein, auch wenn ein Zimmer, ein Bett für sie bereitsteht (»Du kannst hier jederzeit übernachten!«). Der Schnitt ist vollzogen, sie gehören zwar zu unserem Leben, und wie! – aber sie haben sich aus unserem Alltag verabschiedet. Und das Leben besteht aus viel Alltag. Das heißt, sie werden uns ziemlich oft fehlen.
Wir fehlen ihnen gewiß manchmal auch. Nur ist ihre Situation eine gänzlich andere, sie haben den Schritt in Neuland riskiert, jetzt müssen sie sehen, wie sie vorankommen, viele Probleme nehmen sie voll in Anspruch, es dauert eine Weile, bis sie ihr neues Leben einigermaßen im Griff haben, noch nie waren sie so beschäftigt wie in dieser Zeit. Auch die Eltern sind beschäftigt, keine Frage, es ist ja nun nicht so, daß sie trauernd herumsitzen und der Vergangenheit nachjammern, das gewiß nicht. Jeder von ihnen hat seine Arbeit, auch eine Familienmutter hat sicherlich genug zu tun, ob die Kinder nun aus dem Haus sind oder nicht. Und doch ist es anders als früher. Etwas fehlt, fehlt unwiederbringlich. Auf einmal vermißt man sogar das, was einmal störte: die dröhnende Musik aus dem Zimmer der Tochter, die Telefongespräche, die wichtige Anrufe blockierten, das Chaos im Badezimmer, das plötzliche Auftauchen von Freunden, die allesamt Hunger und Durst signalisierten und aus der Küche ein Schlachtfeld machten. »Er« (Vater) und »Sie« (Mutter) sind wieder allein, aber Flitterwochenstimmung will nicht aufkommen. Das hängt nicht nur mit dem Alter zusammen. Eher damit, daß man eine so lange Spanne Zeit wie die Zeit mit den

Kindern nicht einfach überspringen kann. Nicht nur von den Kindern muß man sich nun verabschieden, auch von der Illusion, jetzt könnte doch eigentlich alles wieder so wie damals werden, bevor es die Kinder gab. Oder doch so ähnlich.

Das verwaiste Elternpaar muß sich, so seltsam das klingen mag, neu zusammenfinden. Die Basis ist eine andere. Zu wünschen ist ihnen, daß da noch genug Liebe ist, nicht nur Gewöhnung, Duldung, routinemäßiges Nebeneinanderherleben. Das wird sich herausstellen, wenn die Kinder aus dem Haus sind. Auf keinen Fall wird es einfach sein, und jeder muß dem anderen genügend Zeit lassen, sich in den neuen Zustand zu finden. Wer jetzt lieber mit sich allein sein möchte, muß das dürfen, ohne daß sich der Partner deshalb gekränkt fühlt. Auch wer es nicht so zeigen kann, wird erst einmal an Trennungsschmerz leiden. Und bekanntlich leidet jeder auf seine Weise. Es ist vernünftig, das zu akzeptieren, auch wenn man selbst ganz anders reagiert. Den Partner akzeptieren – vielleicht muß man das überhaupt erst wieder lernen. Solange die Kinder im Haus waren, gab es anderes zu tun. Man war schließlich eine Familie. Und jetzt ist ein Ehepaar übriggeblieben, das wieder ganz auf sich selbst gestellt ist, wie am Anfang. Doch es ist nicht wie am Anfang, die Zeit läßt sich nicht zurückdrehen. Weder zurückdrehen noch überspringen. Die beiden werden herausfinden müssen, ob ihre Zweisamkeit noch stimmt. Dies hier kann die Feuerprobe werden.

Die alleinstehende Mutter, deren Sohn oder Tochter aus dem Haus geht, hat andere Feuerproben zu bestehen. Sie muß sich nicht an eine neue Zweisamkeit gewöhnen, sondern an die absolute Alleinheit. Ich habe in der Zeit nicht ohne einen gewissen Neid nach den Ehepaaren in gleicher Situation geschielt und mir gedacht: Wenigstens habt *ihr* euch noch. Aber mir war auch bewußt, daß ihre Probleme nicht kleiner waren als meine. Nicht kleiner, nur anders. Ich mußte mit mir allein fertig werden, da war nun niemand, an dessen starke Schulter ich mich lehnen konnte, ich arme, verlassene Mutter. Sah ich mich so? Wahrhaftig nicht. Quietschvergnügt war sie ausgezogen, meine Tochter, und auch bei mir waren keine Tränen geflossen. Außerdem blieb sie in der Stadt, nur eben nicht bei mir, aber das war kein Thema zwischen uns gewesen, sie hatte ihren Entschluß früh genug angekündigt, und ich fand es in Ordnung. Ich war vorbereitet auf diesen Abschied, zu diesem Zeitpunkt hatte ich schon ziemlich viele Abschiede hinter mir, und ich wußte, danach kam immer etwas Neues. Diesmal würde es nicht anders sein. Aber natürlich war es ein besonderer Abschied, ein Abschied der dritten Art, sozusagen, und zum ersten Mal würde ich allein leben, das hatte ich noch nie ausprobiert, es hatte sich nicht so ergeben bisher. Ich nahm an, daß ich damit keine Schwierigkeiten haben würde, und so war es denn auch, was nicht heißt, daß ich keine anderen Schwierigkeiten bekam.

Es waren (und sind manchmal noch) genau jene Schwierigkeiten, die sich aus der simplen häuslichen Trennung ergeben, aus der Unmöglichkeit zum Beispiel, eben schnell auf einen Sprung rüberzugehen, wenn einem danach ist. Ich denke, *ihr* ist manchmal genauso danach wie mir, aber es geht halt nicht. Und wenn es ginge, würde es geschehen? Wahrscheinlich nicht. Wahrscheinlich ist es ganz gut, daß wir zwar in derselben Stadt, aber doch weit genug auseinanderwohnen, um der Versuchung zu entgehen. Mütter, auch wenn sie heiß geliebt werden, sind nicht immer willkommen, auch nicht auf einen Sprung. Sagt man's ihnen, nehmen sie es zwar nicht übel, aber ein bißchen gekränkt sind sie schon. Sagt man's ihnen nicht, merken sie es trotz-

dem. Da ist es doch besser, ein wenig Distanz zu halten, auch wenn es schwerfällt.
Es ist nicht das einzige, was manchmal schwerfällt. In der ersten Zeit, als meine Tochter aus dem Haus war, telefonierte ich täglich mit ihr. Ich rief sie an, nur so, eigentlich bloß, um ihre Stimme zu hören und zu erfahren, wie es ihr ging. Dann merkte ich, daß es häufig die falschen Zeiten waren, zu denen ich anrief, obwohl diese Zeiten mir ganz normal erschienen. Aber manchmal stand nachmittags um vier gerade die frisch gebackene Pizza auf dem Tisch, die heiß gegessen werden mußte. Manchmal weckte ich sie mittags gegen eins aus tiefstem Schlaf. Manchmal war sie gegen zehn Uhr abends gerade fast schon auf dem Weg zu einem späten Rockkonzert. Meine Anrufe kamen ungelegen. Sie gab das erst zu, als ich sie einmal – nicht am Telefon – danach fragte. Und bei dieser Gelegenheit erfuhr ich auch, daß sie es nicht für dringend erforderlich hielt, jeden Tag mit mir zu telefonieren. Klar, wenn etwas Wichtiges passierte, mußte das natürlich auf dem schnellsten Wege mitgeteilt werden. Aber wenn weiter nichts anlag... Ich hab erst ein bißchen geschluckt, aber ich konnte sie verstehen. Ihr Studentinnenleben, das sie mit ihrem Freund teilte, bestand und besteht aus vielen Terminen, vielen Freundschaften, natürlich gehören dazu auch viele Anrufe, von allen möglichen Leuten. Sie steckt immer ein bißchen im Streß, immer ist irgend etwas los, die wenigen Ruhepausen möchte sie sich nicht gern stören lassen, und sei es von der eigenen Mutter, die sich täglich meldet und von der man ja schließlich weiß, daß es ihr gutgeht, weil sie das erstens selbst behauptet und man ihr zweitens anmerkt, daß das stimmt. Mit einem weinenden und einem lachenden Auge habe ich mich dann von der Illusion verabschiedet, ein kurzes tägliches Mutter-Tochter-Gespräch werde

von beiden Seiten begrüßt. Die Tochter-Seite hatte ihre einleuchtenden Gründe dafür, warum es nicht so war. Die Mutter-Seite sah die Angelegenheit natürlich rein emotional. Aber auch Mütter im fortgeschrittenen Alter sind ja manchmal lernfähig.
Und das müssen sie auch sein, wenn die Beziehung zum aushäusigen Einzelkind ungetrübt bleiben soll. Ach ja, diese Mütter von Einzeltöchtern und Einzelsöhnen! Sie müssen nicht so grauslig sein wie Loriots »Ödipussi«-Mama. Aber sehr oft neigen sie zu einer Art sanftem Terror, packen ernstgemeinte Vorwürfe in schelmisches Drohen mit dem Zeigefinger: Der Sohn, der sich zum liebevoll vorbereiteten Essen (wieder einmal) verspätet, die Tochter, die am Wochenende (wieder einmal) keine Zeit hat, sie werden zwar nicht mit harschen Worten ermahnt, aber unterschwellig bekommen sie doch zu spüren, daß sie sich lieblos und gefühlskalt verhalten. Und da besonders Einzelkinder zu schlechtem Gewissen gegenüber ihren Eltern neigen, trifft das mütterliche Geschoß ins Schwarze. Nur sind die Menschen leider so geartet, daß der Verursacher ihres schlechten Gewissens sie eher reizt als rührt. Bestenfalls geraten Töchter und Söhne, die sich ständig schuldbewußt fühlen, allmählich in eine Art Panik. Eine Freundin von mir sah sich verpflichtet, täglich mehrmals mit ihrer Mutter zu telefonieren, weil sie zu wissen glaubte, daß ihre Mutter sich andernfalls ganz schrecklich aufregen würde. Ich erinnere mich noch gut daran, daß meine Freundin, gerade mit dem Flugzeug aus Zürich in Hamburg gelandet, sofort in die nächste Telefonzelle stürzte: »Mami wartet auf meinen Anruf.« Ich kannte die Mutter, eigentlich wirkte sie ganz normal. Aber sie mußte eine phantastische Begabung zum sanften Terror haben.
Ein Kind aus dem Haus ist ein Kind aus dem Haus ist ein

Kind aus dem Haus. Hört sich so einfach an, und man tut sich oft so schwer damit. Immer, wenn ich denke, nun hätte ich es aber wirklich geschnallt, erleide ich einen kleinen Rückfall. Nichts Besonderes, ich schluchze meiner Tochter nicht hinterher, wenn sie nach einem gemütlichen Abend im Mutterhaus davonzieht. Ich hab's genossen mit ihr, und ich denke, sie mit mir. Eigentlich war es wie früher, wir hockten bei einem Wein zusammen, hatten den Fernseher laufen, irgendeine Talkshow, bei der wir nur hin und wieder zuguckten und zuhörten, übers Fernsehen hinweg schwatzten wir miteinander, schön war's. Aber als sie dann – es war spät geworden – ging und ich die Gläser und die Reste vom Knabberkram wegräumte, kam mir so einiges wieder in den Sinn. Daß wir früher oft, wenn sie doch mal einen Abend zu Hause blieb, ein Video ansahen, das sie per Fahrrad besorgt hatte. Dann gammelten wir so richtig gemütlich vor uns hin, das Video war meistens ein übler Horrorfetzen, und wir lachten uns schief. Solche Video-Abende gibt es nun nicht mehr, und ich weiß auch – was mich betrifft –, warum nicht: Mir ist die Zeit mit meiner Tochter zu kostbar, um die Stunden mit einem blöden Film zu vergeuden. Das Fernsehen als Hintergrundkulisse, na gut. Aber dem richtig einen Abend opfern? So oft ist sie schließlich nicht mehr zu Hause. Das Wort drängt sich mir förmlich auf: sie kommt eben nur noch zu Besuch. Und wenn ich mich ob dieses Gedankens schnell zur Ordnung rufe, erinnere ich mich augenblicklich daran, daß sie bei ihrem Besuch heute schon wieder gefragt hat: »Kann ich mal telefonieren?« – »Frag nicht so dumm«, habe ich geantwortet, »was soll der Quatsch, du bist hier immer noch zu Hause.«
Und wir haben beide gewußt, daß das nicht mehr stimmt.

Abschied nehmen...

...vom Leben

Daß der Mensch nicht gefragt wird, ob er auf die Welt kommen möchte, leuchtet ein. Also wird er geboren – fast hätte ich geschrieben, auf Deubel komm raus. Wenn er nicht geboren werden soll, regen sich viele Leute unsäglich auf. Ist er erst einmal auf der Welt, erlischt ihr Interesse an ihm von Jahr zu Jahr mehr. Soll er doch selbst sehen, wie er fertig wird! Wir haben schließlich alle unser Päckchen zu tragen...
Dann aber kommt ein kritischer Moment. Ein Mensch, alt geworden, nicht mehr sehr gesund und ziemlich müde, beschließt aus allen diesen und noch ein paar anderen Gründen, sich von der Welt zurückzuziehen. Nein, nicht in ein nettes Seniorenheim und auch nicht zur Tochter, die der alten Frau ein Zimmer im Reihenhaus ihrer Familie angeboten hat. Das Zurückziehen ist anders gemeint. Sie möchte nicht künftig im Lehnstuhl am Fenster hinter der Scheibengardine das Leben draußen mit mäßigem Vergnügen betrachten. Sie möchte die Augen schließen und einschlafen, und das für immer.
Für immer? Da werden sie auf einmal wieder agil, die Mitmenschen. Da geht sozusagen ein Aufschrei durchs Volk. Mein Gott, die alte Dame droht mit Selbstmord! Entsetzlich! Das kann sie uns doch nicht antun! Waren wir nicht immer nett zu ihr? Mein Sohn hat ihr oft die Einkaufstasche in die Wohnung getragen... also wenn sie mal krank war, ist sie in letzter Zeit ja leider häufiger, hab ich *immer* bei ihr geklingelt und gefragt, ob sie was braucht... Und so weiter und so weiter. Gar nicht zu reden von der Familie, die es überhaupt nicht fassen kann. Ist Oma depressiv,

ohne daß das bisher jemand gemerkt hat? Sie wirkt doch eigentlich ganz heiter, jedenfalls wenn sie nicht gerade diese Schmerzen hat. Sie hat doch auch nie geklagt, sich irgendwie beschwert, und jetzt redet sie davon, daß sie sterben will – mein Gott, was sollen wir nur tun? Wir kümmern uns doch wirklich um sie... wir werden einen Psychiater zu Rate ziehen müssen.
Ich übertreibe? Natürlich übertreibe ich. Insofern nämlich, als es keine alte Frau wagen würde, irgend jemandem anzuvertrauen, daß sie ihr Leben, obwohl alle wirklich nett zu ihr sind, allmählich reichlich satt hat. Und daß sie, wenn es da eine sympathische Möglichkeit gäbe, sich gern verabschieden würde von ihren Lieben. Nein, das zu sagen traut sich keine. Unvorstellbar: »Wißt ihr, ich bin weder unglücklich noch verzweifelt, ich halte den Termin einfach für richtig. Ich spüre, daß ich langsam schwächer werde und öfter Schmerzen habe. Warum soll ich warten, bis mir mein Dasein unerträglich wird? Mir kommt es auf diese ein, zwei Jahre nicht mehr an, und euch doch auch nicht, Hand aufs Herz – ihr werdet, will ich doch stark hoffen, in drei Jahren nicht weniger traurig über mein Verschwinden sein. Und eigentlich müßtet ihr jetzt, wo ich freiwillig und in Frieden gehe, sogar bei aller Trauer doch auch ein bißchen froh sein: Ich hab nicht leiden, mich nicht ängstigen müssen, mich nicht in einem fremden Krankenzimmer herumgequält. Ihr werdet mich nicht als trauriges Wrack, sondern als immer noch ganz vergnügte Person in Erinnerung behalten. Also, macht bitte nicht solche Gesichter! Jetzt feiern wir noch mal alle schön miteinander, und dann...«
Ja, und dann? Genau das ist es eben. Was tut sie, wenn sie genug vom Leben hat? Springt sie aus dem Fenster, von einer Eisenbahnbrücke, schluckt sie Tabletten, öffnet sie sich

die Pulsadern, wirft sie sich vor einen Zug? Oder hängt sie sich auf? Klingt alles grauenhaft, und es klingt nicht nur so. Wer nicht in einer Phase abgrundtiefer Verzweiflung steckt, wer nicht ins allerschwärzeste Loch einer schweren Depression gesunken ist, wird vor jeder dieser Möglichkeiten schaudernd zurückschrecken. Und das nicht nur, weil nichts davon wirklich »sicher« ist, weil das Ergebnis, wenn sie Pech hat, schier endlos scheinendes Siechtum sein kann. Der Abgang dieser Art ist einfach unzumutbar für jemanden, der nach einem einigermaßen genossenen Leben nun auch noch das Sterben – so gut das eben möglich ist – genießen möchte. Da bleibt dann halt nichts anderes übrig, als abzuwarten, bis unser Körper wirklich total verwohnt ist und uns den Dienst aufkündigt. Da bleibt dann halt nichts anderes übrig, als zu hoffen, daß uns kein langes Leiden bevorsteht.

Im »Frankfurter Allgemeine Magazin« beantworten mehr oder weniger prominente Zeitgenossen jede Woche in einem Fragebogen auch die Frage »Wie möchten Sie sterben?« Ein Philosoph antwortete: »In Frieden und in Klarheit über Grund und Bewandtnis des Lebens.« Ein Modeschöpfer: »Ganz natürlich – wie ich geboren wurde.« Ein Sportler: »Gar nicht, und wenn, dann kurz und schmerzlos.« Wer sich aufs Abschiednehmen innerlich eingerichtet hat, kommt damit ganz sicher besser zurecht als jemand, der »gar nicht« sterben will. Was die Kürze und Schmerzlosigkeit des Abschieds betrifft, lassen sich heute immerhin schon bescheidene Vorsichtsmaßnahmen treffen – wir können den Wunsch, im Ernstfall unser Leben nicht künstlich zu verlängern, schriftlich festlegen, und das ist immerhin besser als nichts. Solche Patientenverfügungen, wie sie die »Deutsche Gesellschaft für Humanes Sterben« ihren Mitgliedern zukommen läßt, sind da schon eine Hilfe. Jedenfalls dürfen wir hoffen, daß dieser unser Letzter Wille dann auch tatsächlich respektiert wird. Aber der Zeitpunkt unseres Abschieds liegt nicht in unserer Hand. Er liegt in Gottes Hand, sagen die Frommen. Ja, auf den können wir natürlich alles schieben, da sind wir die Verantwortung los, da machen wir es uns schön leicht. Wenn er uns leiden läßt, wird er schon seine Gründe dafür haben, und wenn es schnell und schmerzlos geht, auch. Wir dürfen ihm nicht ins Handwerk pfuschen! Diese Meinung kann man natürlich haben, nur pfuscht man dem lieben Gott doch wohl auch ins Handwerk, wenn man Menschen über Monate und Jahre mittels komplizierter Apparate an einer Art Leben erhält.

In den USA müssen Patientenverfügungen nach einer Entscheidung des Obersten Gerichtshofs in jedem Fall von den Ärzten befolgt werden. Ein Gesetz, das im Dezember 91 in Kraft trat, sichert jeder Patientin das Recht auf Selbstbestimmung (»Selfdetermination Act«) zu, und die Krankenhäuser sind verpflichtet, die Kranken bei Einlieferung nach ihrer Patientenverfügung zu fragen. Auf diese Weise haben sie die Möglichkeit, eine künstliche Lebensverlängerung abzulehnen. Aktive Sterbehilfe ist auch in Amerika noch tabu. Im November 91 stimmten die Bürger des Staates Washington über einen Gesetzgebungsvorschlag dazu negativ ab, mit knapper Mehrheit.

Womöglich hat zu diesem Ergebnis auch ein Buch beigetragen, das im selben Jahr in den USA für Aufregung sorgte und den Befürwortern der aktiven Sterbehilfe eher einen Bärendienst leistete. Derek Humphrys »Last Exit« (auf deutsch 1992 erschienen unter dem Titel »In Würde sterben«) katapultierte sich zwar an die Spitze der Bestsellerliste, stieß aber auch auf heftige Kritik. Detaillierte Anleitungen zur Selbsttötung in einem Buch, das jedem zugänglich ist – das kann für viele in Krisensituationen eine gefährliche Verlockung sein. Die Schlaf- und Schmerzmittel, die Humphry empfiehlt, sind zwar rezeptpflichtig, und eine Siebzehnjährige mit Liebeskummer kann sie sich vielleicht etwas weniger leicht beschaffen als eine alte Frau mit beginnendem Alzheimer. Aber sie kann, wenn sie es sich denn in den Kopf gesetzt hat und das Sterben doch so leicht ist nach Humphrys Do-it-yourself-Methode. Von wegen, sagt die »Deutsche Gesellschaft für Humanes Sterben«. Humphry, so warnt die DGHS, rate zu »untauglichen Medikamenten« und gebe »falsche Dosierungsvorschläge«. Damit setze er »Freitodwillige dem Risiko aus, schwergeschädigt zu überleben«.

Ob Humphrys »Rezepte« nun medizinisch korrekt sind oder nicht: Ein Do-it-yourself-Buch für potentielle Selbstmörder – etwas Ähnliches gab es 1982 bereits in Frankreich – ist eher peinlich. Ich halte nichts von moralisch erhobenem Zeigefinger, aber ein Minimum von Verantwortungsbewußtsein sollte auch jemand haben, der die Absicht hat, einen Bestseller zu schreiben.

Wahrscheinlich gibt es niemanden, der nicht schon mindestens einmal mit dem Gedanken gespielt hat, sich vorzeitig von der Welt zu verabschieden. Der indische Mystiker Osho wurde einmal von einer seiner Schülerinnen gefragt, warum sie ständig daran denke, Selbstmord zu begehen. Er antwortete: »Fühle dich nicht schuldig, jeder intelligente Mensch denkt so... Aber indem du Selbstmord begehst, ändert sich nichts. Du wirst wieder geboren werden, und der ganze Unsinn wird wieder von vorn anfangen. Das ist sinnlos. Wenn du an Selbstmord denkst, besagt das nur, daß du dieses Leben, wie du es bis jetzt gelebt hast, für nicht lebenswert hältst... An Selbstmord zu denken bedeutet einfach: dieses Leben ist fertig. Aber es sind noch andere, alternative Leben möglich. Man braucht dieses schöne Geschenk Gottes nicht zu zerstören. Das Leben, das du gelebt hast, ist nicht die einzige Art, es zu leben. Mach dich von dem sogenannten Leben frei, das du bis jetzt geführt hast. Begehe nicht Selbstmord! Laß deine Vergangenheit Selbstmord begehen. Fange neu an zu leben.«

Mancher wird das vielleicht schwieriger vorkommen, als sich eine Plastiktüte über den Kopf zu stülpen und mit einer bestimmten Dosis Tabletten in die Badewanne zu steigen. Aber es ist ein sehr häßlicher, unappetitlicher Abschied, auf den sie sich da einläßt, äußerst trostlos. Das Steuer des Lebens um hundertachtzig Grad herumzureißen mag anstrengend sein, versuchen sollte sie es. Und was riskiert sie schon dabei? Der »Last Exit« bleibt ihr immer noch. Wenn es ihr das Weiterleben, oder besser, den neuen Lebensanfang erleichtert, kann sie diese Möglichkeit immer im Kopf behalten: Wenn es gar nicht mehr geht, mach' ich eben Schluß. Es ist eine Rückversicherung mit negativen Vorzeichen, aber immerhin. Besser als ein vorzeitiger Abschied mit all seinen scheußlichen Begleitumständen.

Ja, die Begleitumstände *sind* scheußlich, und also verzichtet auch die Achtzigjährige, die sich aus vielen einleuchtenden Gründen gern verabschieden würde, auf einen selbstprogrammierten Abgang. Sie muß schon *sehr* einsam, *sehr* verzweifelt und/oder *sehr* krank sein, um so brutal mit ihrem Leben Schluß zu machen.

Die 16. Internationale Tagung der »Deutschen Gesellschaft zur Suizidprävention«, die 1991 in Hamburg stattfand, beschäftigte sich hauptsächlich mit dem Freitod alter Menschen. Dabei stellte dann der Suizidforscher Claus Wächtler fest, daß in der Bundesrepublik jährlich über dreitausend Menschen nach dem fünfundsechzigsten Lebensjahr Selbstmord begehen. Die Zahl ist nicht abgesichert, sie kann logischerweise nur die Fälle erfassen, bei denen der Suizid eindeutig nachzuweisen ist. »Müssen, können, dürfen wir überhaupt den Todespfad blockieren?« fragte die »Zeit« in einem Bericht über diese Tagung. Man könnte auch fragen: Welchen Sinn hat es, eine Greisin, die nicht mehr leben *will*, wieder zurückzurufen? Magenauspumpen, künstliche Beatmung, Schläuche, Sonden... Wenn sie Glück hat, nützt es nichts mehr, aber womöglich hat sie kein Glück. »Nach der Erfahrung von Ärzten und Psychologen wiederholt in einem Zeitraum von einem Jahr ein Drittel der Geretteten keinen zweiten Selbsttötungsversuch«, erfahre ich aus der »Zeit«. Also ein Erfolg? Ich weiß nicht. Um das beurteilen zu können, müßten wir wissen, wie die »Geretteten« danach weiterleben. Ob ihnen zu einem neuen Versuch einfach die Kraft fehlt oder ob sie – woher auch immer – wieder Lebensmut haben. Ich fürchte, sie haben ganz schlicht resigniert.

Es wird ein Wunschtraum vieler (mich eingeschlossen) bleiben, daß, wer ein hohes Alter erreicht und genug vom Leben hat, sich auf angenehme und würdige Weise verabschieden, dem Tod sozusagen ein Stückchen entgegenkommen darf.

»Euthanasie, oder die Freiheit, über den eigenen Tod zu bestimmen, sollte als Geburtsrecht eines jeden Menschen anerkannt werden... Nach dem Alter von fünfundsiebzig Jahren sollten die Krankenhäuser bereit sein, jedem zu helfen, der sich seines Körpers entledigen will. Jedes Krankenhaus sollte einen Platz für Sterbende haben, und die, die sich dazu entschlossen haben zu sterben, sollten eine ganz besondere Aufmerksamkeit und Hilfe bekommen. Ihr Tod sollte schön sein...« Ja, ein indischer Meister wie der legendäre Osho kann es sich erlauben, das Wort Euthana-

sie zu gebrauchen. Die Deutschen, nicht nur meine Generation, können es (noch) nicht. Es ist allzusehr belastet durch Verbrechen, die vor unserer Haustür begangen worden sind, vor unseren Augen, auch wenn wir nicht hingesehen haben. Es nützt nichts, daß die Bezeichnung »Euthanasie« im Dritten Reich nichts als ein zynischer Etikettenschwindel war – sie hat sich eingeprägt und steht nicht für Gnadentod, sondern für Unmenschlichkeit, für Mord. Das Wort hat seine Unschuld verloren. Über das Thema kann bei uns nicht mehr unbefangen gesprochen werden, wie sich immer wieder zeigt.
Vielleicht werden wir uns in andere, nicht derart belastete Länder zurückziehen müssen, wenn wir Abschied nehmen wollen zu einem von uns bestimmten Zeitpunkt. So, wie einst die jungen Frauen nach Holland fuhren, wenn sie ungewollt schwanger geworden waren. In den Niederlanden wird bereits Sterbehilfe von Ärzten praktiziert, möglich, daß es dort eines Tages auch eine Institution geben wird, die nicht nur Todkranken das Sterben erleichtert und verkürzt, sondern auch den alten Menschen hilft, die ihre Zeit für gekommen halten. Vielleicht vollzieht sich das dann ähnlich, wie es Osho vorschwebte: »Ein Monat Ruhe in einem Krankenhaus – mit jeder erdenklichen Unterstützung des Betreffenden, damit er ruhig und still werden kann... alle seine Freunde... kommen ihn besuchen, denn er geht auf eine lange Reise. Der Gedanke, ihn daran zu hindern, taucht überhaupt nicht auf, denn er hat lange gelebt und möchte nicht länger leben – seine Arbeit ist vollbracht. Und man sollte ihn während dieses Monats Meditation lehren, damit er meditieren kann, wenn der Tod kommt. Und für den Tod sollte medizinischer Beistand geleistet werden, damit der Tod wie Schlaf kommt – und ganz

langsam, begleitet von Meditation, wird der Schlaf immer tiefer...«

Wer würde sich nicht mit Freuden auf solche sanfte Weise verabschieden? Osho selbst ist das gelungen, was Wunder, nicht in einem Krankenhaus, sondern im Ashram in Poona. Sein Arzt und andere seiner Vertrauten waren bei ihm, als er immer schwächer wurde. Vielleicht hätte man ihn in einem Krankenhaus mit den üblichen Methoden wieder zurückholen können. Doch als Dr. Amrito ihn fragte, ob er das wünsche, hat er geantwortet: »Laßt mich einfach gehen.«

Einfach gehen, ein wunderbarer Gedanke. Er bedeutet aber auch, daß wir uns ohne Angst und Panik auf diesen Abschied vorbereiten und ihn annehmen. Wenn wir ein Leben lang in heimlicher Angst vor dem Tod gezittert haben und alles, was mit Sterben zusammenhing, verdrängten, haben wir es uns selbst unmöglich gemacht, »einfach zu gehen«. Instinktiv werden wir uns trotz aller Schmerzen ans Leben klammern, und wenn wir uns derart verkrampfen, ist nichts mehr einfach.

Wir werden heute auf fast alles in unserem Leben vorbereitet, und für die unglaublichsten Dinge gibt es an jeder Volkshochschule Kurse. Es gibt auch die famose Pro-Familia-Beratung und die umstrittene Zwangsberatung für Frauen, die abtreiben wollen. Jemanden, der einen auf den Abschied vom Leben vorbereitet, muß man lange suchen, obwohl dieser Abschied nun wirklich *jedem* von uns irgendwann bevorsteht. »The Art of Dying«, die Kunst des Sterbens, über die Osho oft gesprochen hat, wird bei uns nicht gelehrt, das Thema ist tabu. Meditation ist ein Weg. Und schon höre ich: Ach Gott, dazu habe ich keine Zeit.

Ein Berliner Autor, Georg Mühlen-Schulte, der in den dreißiger Jahren witzige, lebenskluge Romane schrieb, plante ein Buch mit dem Titel »Stirb fröhlich!« Er hat es leider nie geschrieben. Die Quintessenz dieses Buches könnte gewesen sein, daß nur diejenigen fröhlich sterben können, die auch fröhlich gelebt haben. Wahrscheinlich wäre beides ein bißchen zuviel verlangt von uns Normalmenschen. Aber bewußter leben, das wäre doch schon was. Das würde nämlich auch bedeuten, den Tod zu akzeptieren. Und wenn wir Glück haben, können wir uns dann einmal wirklich sozusagen mit Kußhand verabschieden – und einfach gehen.

Abschied nehmen...

...von Illusionen

Es muß sehr schwer sein, heutzutage noch an den Kommunismus zu glauben. Beim Zusammenbruch des Dritten Reichs war es leichter, sich von vermeintlichen Idolen und Idealen zu trennen, die Verbrechen im Namen einer angeblichen Ideologie waren zu offenkundig, die »Ideologie« des Faschismus selbst so kriminell, daß der Abschied von diesem ganzen Höllenspuk nicht traurig, sondern schamrot machte, ja, und auch wütend, wütend über die eigene Dummheit und Feigheit oder über beides. Wer 1945 wie ich um die Zwanzig war, hatte ganz sicher erst einmal die Nase voll von Patriotismus und all den heiligen Gütern der Nation, die da angeblich hatten verteidigt werden sollen. Mit dem Nationalen waren wir voll auf die Schnauze gefallen, leider erst, nachdem wir die halbe Welt kaputtgemacht und ganze Völkerstämme ausgerottet hatten. Jetzt dämmerte da am Horizont etwas Neues: das Internationale. Da war *die* Internationale nicht weit. Und da waren Namen, Namen, die im Deutschland, in dem ich aufgewachsen war, nicht einmal gedacht werden durften. Jetzt las ich die Briefe Rosa Luxemburgs aus dem Gefängnis und war wiederum beschämt – aber auch erschüttert und sogar begeistert. *Diese* Frau hatten wir hassen sollen? Nur weil sie Jüdin und Kommunistin war? Der Kommunismus fing plötzlich an, mich zu interessieren. *So* eine Frau und dann Kommunistin? Irgend etwas mußte doch dran sein an der Sache. Wer wie ich im Nachkriegsberlin lebte, hatte bald Gelegenheit, noch mehr Leute kennenzulernen, die »links« standen, ohne ideologisch verbiestert zu

sein. (Natürlich gab es auch genügend andere, gußeiserne Stalinisten.)
Mit dem Kommunismus sympathisieren, das lag auf der Hand. Bertolt Brecht, Anna Seghers, Ernst Busch, Kate Kühl, die aufrührerische alte Brecht-Songs schmetterte, daß es einem kalt über den Rücken lief. Doch allmählich legten sich die Wogen der Begeisterung, das politische Klima, nicht nur in Berlin, wurde eisig, manches erschreckend. Der kluge und diskussionsfreudige sowjetische Kontrolloffizier, der die Redaktion eines Ostberliner Abendblattes, an dem ich arbeitete, mehr betreut als kontrolliert hatte, verschwand über Nacht und wurde von einem jüngeren Hardliner abgelöst. Irgendwie schien der Kommunismus von Rosa Luxemburg, Bertolt Brecht und Anna Seghers nichts mehr mit dem zu tun zu haben, was sich jetzt anbahnte. Nein, es mußte sich um etwas anderes handeln. *Dem* da jedenfalls konnte man nur heftig mißtrauen.
Aber was auch geschah: Irgendwo im tiefsten Kern war da etwas sehr Gutes verborgen, es mußte nur freigelegt, von Schutt und Asche gesäubert werden. Gab es nicht den Prager Frühling? Und später, viel später, die Perestroika? Der *richtige* Kommunismus war noch immer das einzige Gegengewicht zu einer kapitalistisch geprägten Demokratie, von der ja nun weiß Gott niemand guten Gewissens behaupten konnte, daß sie der menschlichen Weisheit letzter Schluß wäre. Aber in den Ostblockstaaten kehrte sich das Unterste zuoberst, und was nur zusammenkrachen konnte, krachte zusammen, und vom *richtigen* Kommunismus war weit und breit nichts zu sehen. Das DDR-Regime zerfiel in seine Bestandteile, und wer naiv genug und immer noch rötlich in der Wolle gefärbt war, atmete auf und dachte: Wundervoll! Jetzt sind auch die deutschen Altstalinisten verschwunden, jetzt kann sich der *richtige* Kommunismus

endlich entwickeln, der, von dem sie auf der Massenkundgebung auf dem Berliner Alexanderplatz doch alle geredet hatten, die großartige Steffie Spira an der Spitze, die den Herren von Wandlitz ein überzeugendes und obendrein noch witziges Anathema hinterherschleuderte. Das wird aufregend und spannend und ganz, ganz toll, dachte, wer naiv genug war; großartig, die DDR und die BRD in echter Idealkonkurrenz von nun an, jeder sieht vom anderen etwas ab, das eine spiegelt sich im anderen, was für eine einmalige Chance!
Ja, April, April. Schon wieder eine Illusion. Bevor man überhaupt bis drei zählen konnte, brach das Ganze auseinander. Die Kundgebung auf dem Alexanderplatz hatten wir wahrscheinlich nur geträumt. Offenbar hatte auf einmal niemand auch nur die geringste Lust, es mit dem *richtigen* Kommunismus zu versuchen. Offenbar war niemand scharf auf irgendwelche Experimente in dieser Richtung. (Wobei natürlich zunächst nur die wenigsten daran dachten, daß die Eingliederung in die BRD das allergrößte Experiment sein würde.) Und dann kam der Katzenjammer. Richtiger Kommunismus? Die Ideale von einst, von dunnemals, von Anno Tobak? Den Bach runter damit. Niemand will sie mehr haben. Sie sind weit weniger wert als der dreckigste Schnee vom vergangenen Jahr. Tschüs, Rosa Luxemburg. Blindwütig wird eine Straße, die ihren Namen trägt, umbenannt. Kommunistenschlampe! Na schön, sie hat was davon gefaselt, daß Freiheit immer die des Andersdenkenden sei. Aber was, bitte schön, ist aus dieser Freiheit geworden? Und wer, um in die heutige Zeit zurückzukehren, hat sich in diesen vierzig DDR-Jahren nicht korrumpieren lassen, sofern er nicht eingesperrt, ausgewiesen oder einfach abgehauen war, solange das noch ging? Dieses ganze Stasi-Dickicht. Brecht hatte es gut, der

starb zur rechten Zeit. Aber eine Frau wie Anna Seghers? Eine phantastische Schriftstellerin, ein Vorbild, oder vielleicht nun doch nicht mehr? Was da alles an Schmutz hochkommt! Da kommt's einem wirklich hoch. Die DDR war erst der Anfang. Kein roter Stern mehr über dem Roten Platz in Moskau, St. Petersburg statt Leningrad. Keine Romanautorin, keine Dramatikerin dürfte sich ein solches Finale einfallen lassen, ohne daß sie von sämtlichen Kritikern ausgebuht würde. Die DDR und das Schicksal ihres angeblich real existierenden Sozialismus war ja wenigstens noch denkbar, lag nicht völlig im Bereich des Phantastischen. Die real nicht mehr existierende Sowjetunion ist irgendwie immer noch unvorstellbar. Da war doch ein Gorbatschow angetreten, die Menschen dem *richtigen* Kommunismus zuzuführen. Unter Beifall und Jubel des Westens. Und nun?

Und nun können wir uns von einer Idee verabschieden, von der nicht die Schlechtesten überzeugt waren. Und einige, ebenfalls weder Dummköpfe noch Fanatiker, sicher immer noch überzeugt sind. Gorbatschow jedenfalls hat dem »richtigen« Kommunismus noch nicht abgeschworen. In der deutschen PDS, auf die angewidert mit Fingern gezeigt wird, gibt es nicht nur alte, sondern auch junge Trotzköpfe, die darauf bestehen, daß der Kommunismus gut ist, wenn man ihn denn wirklich und eben *richtig* praktiziert. Hut ab vor Gregor Gysi und Steffie Spira! Vielleicht mendeln sie und andere Unerschrockene tatsächlich noch etwas Richtiges aus dem Schutthaufen heraus. Aber wahrscheinlich werden auch sie eines Tages den Abschied als vollzogen anerkennen müssen. Wie gesagt, es muß wahnsinnig schwer sein, heutzutage noch an den Kommunismus zu glauben. Und sicher für viele auch schmerzhaft, loszulassen, woran man einmal geglaubt hat. Von gewissen Utopien trennt sich niemand gern. Mit ihnen läßt sich der graue Alltag rosa einfärben. Nur hält die Tönung eben nicht lebenslang. Und eines Tages sehen wir die Welt wieder so, wie unsere illusionslosen Mitmenschen sie immer schon gesehen haben. Der Katzenjammer nach einer Illusion, die sich als solche erwiesen hat, ist äußerst unangenehm. Hatte man sich nicht engagiert für eine große, wunderbare Sache? Hatte man sie nicht mit feurigen Worten immer wieder verteidigt und war dafür auf die Barrikaden gegangen? Wie stehen die im wahrsten Sinne Betroffenen jetzt da, besonders vor sich selbst? Es ist ein in jeder Beziehung peinlicher Abschied, wenn uns die Utopie einer Weltanschauung abhanden kommt, ob es sich nun um den real existierenden Sozialismus handelt oder um andere Träume von Menschheitsbeglückung.

Die meisten Überzeugungen, denen wir anhängen, büßen im Laufe der Zeit an Kraft ein. Es nützt nichts, daß wir es zunächst nicht erkennen wollen. Die Stunde der Wahrheit kommt unausweichlich, irgendwann ist das Haltbarkeitsdatum für jede Illusion, besonders die politische, abgelaufen. Klar, daß wir uns dann blamiert und beschämt fühlen. Und dazu noch hinnehmen müssen, daß alle die neunmalgescheiten anderen spöttisch oder mitleidig oder triumphierend grinsen: Na, das wußten wir ja schon lange! Immer sind genügend Leute da, die es schon lange wußten, egal, ob uns eine Weltanschauung, eine Karriere oder eine Liebesbeziehung in die Binsen gegangen ist. Damit muß man leben.

Man muß auch hinnehmen, daß man irgendwann über gewisse Idole der eigenen Sturm-und-Drang-Zeit hinausgewachsen ist. Man wird den Beatles und John Lennon zwar immer noch fasziniert lauschen, aber doch mit deutlich mehr Abstand und weniger Weltanschauung. Hier glaubt man auch den Grund zu erkennen: Wir sind eben älter geworden, abgekühlter (nicht »cool«), lassen uns, bei aller Anerkennung künstlerischer Leistungen, doch nicht mehr so leicht vereinnahmen. Unsere Begeisterungsfähigkeit hat nachgelassen, jedenfalls die für die Beatles. Und eigentlich ist das schade, denn die Leute, von denen wir uns im fortgeschrittenen Alter überzeugen lassen, sind oft viel gefährlicher (und weit weniger originell). Wie war das mit Hitler und seiner angeblich charismatischen Ausstrahlung? Nicht nur hysterische BDM-Mädchen und ebensolche Hitlerjungen schrien sich heiser vor Begeisterung, wenn der Führer erschien. Auch längst erwachsene Leute sahen in ihm ein Idol. Er war der Lautere, der das Beste wollte und nichts Böses tat, ein von der Vorsehung Gesandter. »Wenn das der Führer wüßte«, hieß es oft genug, wenn sich irgendeine Missetat doch einmal herumgesprochen hatte. Und falls es wirklich Konzentrationslager geben sollte, waren sie bestimmt heimlich hinter seinem Rücken eingerichtet worden. Das Idol hatte nichts damit zu tun.

Es ist kaum vorstellbar, daß irgendein auch nur halbwegs vernünftiger Mensch heute noch einen Politiker zum Idol erhebt. Hier sei einmal dem Fernsehen gedankt: Es trägt wesentlich zur oft gnadenlosen Entlarvung all dieser Herren und Damen bei. Sie brauchen gar nicht viel zu reden, nur auf dem Bildschirm präsent zu sein, stumm und bedeutungsschwer in unser Wohnzimmer zu glotzen oder volksverbunden zu lächeln. Wir durchschauen sie, ob sie über den Paragraphen 218 diskutieren oder Neujahrsansprachen halten, ob sie einer Bundestagsdebatte (nicht) lauschen oder sich in einer Talkshow produzieren. Sicher, manche verkaufen sich schon recht geschickt. Über die gibt es dann später im Freundes- und Familienkreis heftige Debatten: »Nein, auf den lass' ich nichts kommen, der ist inte-

ger, sieh ihn dir doch an! Dem kann man glauben, und intelligent ist er auch, der steckt die anderen ja alle in die Tasche!« Bei so einem reicht es dann immerhin dafür aus, daß seine Partei bei der nächsten Wahl ein paar Stimmen mehr bekommt. Aber Idol? Nicht mal Gorbatschow hat das wirklich geschafft, im eigenen Lande schon gar nicht, bei uns bis zum liebevoll-vertraulichen »Gorbi«, aber weiter ging die angebliche »Gorbimanie« auch nicht. Und Weizsäcker? Daß er gelegentlich in Parteifettnäpfchen tritt und den Leuten nicht nur nach dem Mund redet, ehrt ihn. Als Politiker im eigentlichen Sinn tritt er seinem Amt gemäß nicht in Erscheinung. Über dem Tagesgeschehen schwebend und das Gute predigend ist er eine Art Vater Teresa der Politik. Man zieht vor ihm den Hut, aber ein Idol ist er trotzdem nicht geworden. Und »lovely Rita«? Wäre ja vielleicht mal ganz lustig, wenn eine Frau zum politischen Idol würde. Frau Professor Süßmuth hatte Chancen, aber inzwischen ist sogar bei ihr ein bißchen der Lack ab. Mutige Frau, sagen ihre Sympathisanten. Aber niemand kriegt leuchtende Augen, wenn sie erscheint.
Seien wir froh, daß die Zeiten politischer Idole jedenfalls in Deutschland wohl endgültig vorbei sind. Wer irgendwann noch meinte, vor einem Preußenkönig oder dem Alten von Friedrichsruh innerlich strammstehen zu müssen, hat sein Weltbild inzwischen wahrscheinlich auch korrigiert. Keiner, wahrhaftig keiner, taugt zum Idol. Das politische Geschäft bringt das so mit sich; wer sich da einen Namen macht, mag bedeutend gewesen sein, doch gewiß nicht untadelig.
Die Größen der Weltgeschichte sind zu Recht die ersten, die vom Sockel stürzen, wenn der Mensch beginnt, seine Idole einer kritischen Betrachtung zu unterziehen. In unserer jüngsten Vergangenheit geschah das buchstäblich,

wobei sich einige der zu stürzenden Giganten als äußerst stabil erwiesen, zum Beispiel das Lenin-Denkmal in Berlin. Das als Symbol zu werten erscheint allerdings zu billig. Selbst wenn sich alle Lenin-, Stalin- und Marxdenkmäler dieser Welt hartnäckig ihrer Beseitigung widersetzten – ihre Stunde hat geschlagen. Wir sollten uns nur nicht der Illusion hingeben, daß damit die Welt gerettet ist. Unser Planet steuert nach wie vor zielstrebig seinem Untergang zu, und es sind erhebliche Kurskorrekturen notwendig, um die Katastrophe abzuwenden. Da das immer mehr Menschen klar wird, besteht noch Hoffnung. Vielleicht ist auch sie eine Illusion, von der wir uns eines Tages – und dann sicher sehr unsanft – verabschieden müssen. Bis dahin werden wir uns noch vielen anderen Illusionen hingeben, selbst wenn wir so tun, als käme das nach der letzten Enttäuschung für uns nicht mehr in Frage. Auch *das* ist eine Illusion. Welcher Mensch kann schon auf Träume verzichten? Wir werden immer wieder der Versuchung nachgeben, die Welt angenehmer zu machen, indem wir sie uns ein bißchen nach unseren Wunschträumen zurechtlügen. Man muß optimistisch sein, werden wir behaupten und uns durch beunruhigende Tatsachen nicht davon abbringen lassen. Der Stoff, aus dem die Träume sind, ist nahezu unerschöpflich. Man braucht ja auch sehr viel davon, er verschleißt sich so schnell. Einige Leute haben einen besonders großen Bedarf, ihnen bricht im Laufe ihres Lebens alle Jahre wieder eine Welt zusammen, wie sie es dramatisch auszudrücken belieben. Aber sie haben die Trümmer noch nicht alle beseitigt, da basteln sie bereits an der nächsten Illusion.

Doch es ist ja nicht nur der Abschied von den großen, gefährlichen Illusionen und den betörenden Träumen, der uns zu schaffen macht. Manchmal kriegen wir einen

Schreck bei eher harmlosen Gelegenheiten. Ach, da kommt endlich dieser wunderbare alte Film ins Fernsehen, wie viele Jahre ist es her, daß wir ihn gesehen haben und vollkommen erschüttert, restlos begeistert waren! Wir alarmieren Freundinnen, die ihn im Kino verpaßt haben, halten uns den Abend voller Erwartungsfreude frei, und dann... Dann ertappen wir uns dabei, daß wir gähnen. Dann stellen wir betreten fest, daß uns das, was sich da auf dem Bildschirm abspielt, nicht nur kalt läßt, sondern auch nicht mehr interessiert. Wir finden die einstmals so faszinierende Handlung primitiv, die Darsteller übertrieben, die Musik kitschig und die Dialoge manchmal unfreiwillig komisch. Hinterher telefonieren wir mit der Freundin, die nun schon gar nicht begreifen kann, was wir an der Schnulze so großartig fanden. Wir begreifen es auch nicht mehr. Unterstützung kommt nur von jüngeren Familienmitgliedern, denen wir das Stück auch empfohlen hatten und die meinen: »Na ja, bißchen von vorvorgestern, aber doch ganz witzig, sehr nostalgisch.« Nostalgisch? Wie war das damals, als der Film uns so tief beeindruckte? Ach ja, wir waren frisch verliebt oder auch gerade frisch entliebt, jedenfalls paßte der Film genau in unsere Stimmung, das Drehbuch war wie für uns geschrieben. Es liegt also nicht unbedingt an dem Meisterwerk des berühmten Regisseurs, wenn es heute keinerlei Eindruck mehr auf uns macht. Daß wir nur noch darüber lächeln können, zeigt: Wir sind drüber weg.

Dasselbe passiert mit Büchern, die wir nach Jahren, Jahrzehnten wieder lesen. Wir können uns kaum noch vorstellen, daß wir einmal so entzückt davon waren, und noch weniger, warum. Ein Roman, der mich gleich nach dem Krieg stark beeindruckte, war »Arc de Triomphe« von Erich Maria Remarque. Solche routiniert geschriebenen Romane gibt es inzwischen haufenweise. Aber damals... Der Krieg war gerade vorbei, es gab eine Menge aufzuarbeiten und sehr viel, wovon ich nichts gewußt hatte. Ein Buch wie »Arc de Triomphe«, in dessen Mittelpunkt Verfolgte des Naziregimes standen, wirkte wie ein Schock. Kein Roman, für die Ewigkeit geschrieben, aber damals tat er seine Wirkung, gehörte zu der bitteren Medizin, die wir brauchten. Wenn ich das Buch heute wieder lese und es mich nicht mehr so beeindruckt, weiß ich, warum das so ist – ich geniere mich nicht, daß ich einmal bittere Tränen darüber vergossen habe.

Und wie ist es mit Musik? Da gab es doch mal eine Zeit, wo wir beim Violinkonzert von Max Bruch und bei Tschaikowskys Sechster glatt in Tränen ausbrachen. Schmachtfetzen, sagen wir heute lächelnd, obwohl diese Musik immer noch gewisse Erinnerungen wachruft. Aber es sind die Erinnerungen, die uns sentimental machen, es ist nicht die Musik. Ach ja, damals, denken wir, nachsichtig lächelnd. Die Tschaikowsky- und Bruch-Zeiten sind vorbei. Vielleicht ist es statt Tschaikowsky auch Wagner, von dem wir uns im Laufe unseres Lebens getrennt haben. In diesem Fall sind wir dann noch viel rigoroser: Wagner, o Gott, grauenvoll, dieses Geheule, also, als ich *das* mal liebte, hatte ich eben von Musik noch keine Ahnung... – Wirklich? Wahrscheinlich gibt es ganz andere Gründe dafür, daß nunmehr Bach und Beethoven seinen Platz eingenommen haben. Wagner kann man heiß lieben oder kalt hassen, dazwischen geht nichts. Es gibt keine emotionslose Beziehung zu seiner Musik, zu höflicher Distanz sind wir bei Wagner nicht fähig. Wir sagen vielleicht: »Mit Bach kann ich nicht viel anfangen«, oder: »Bruckner ist mir zu pathetisch«, wir können Chopin zu sentimental und Brahms zu ausufernd finden, aber keiner dieser Komponisten wird eine so wütende Ablehnung hervorrufen wie Wagner. Es wäre gewiß eine interessante Aufgabe für Psychotherapeuten, herauszufinden, warum sich bei ihren Patientinnen eine frühere Wagner-Begeisterung in einen Wagner-Abscheu verwandelte. Abschiede dieser Art sagen vielleicht mehr über uns aus, als wir ahnen.

Musik verliert ihren Zauber, Bücher haben uns nichts mehr zu sagen, Gedichte, über die wir einmal weinten, finden wir eher komisch. Illusionen erweisen sich als solche, und Träume zerrinnen. Manchmal haben wir uns blenden lassen, aber doch nicht immer. Jedes Ding währt seine Zeit, heißt es in einem alten Kirchenlied von Paul Gerhardt. Irgendwann müssen wir uns davon verabschieden. Wenn wir das nur einsehen könnten.

ABSCHIED NEHMEN...

...von der Schule

Am ersten Schultag war unsere Tochter etwas blaß um die Nase und wir auch. Es gibt ein Foto von ihr, wo sie mit einem leicht gefrorenen Lächeln ihre Riesenschultüte umklammert – sie sieht so aus, als traue sie dem Frieden nicht recht, sei aber willens, erst einmal gute Miene zum unbekannten Spiel zu machen. Spiel? Ganz im Gegenteil, das Leben fing an, ernst zu werden. Das merkte sie zum Glück nicht sofort, aber lange dauerte es nicht, bis sie begriff: Die wollen ja wirklich was von dir! Die stellen dir echte Aufgaben! Die erwarten, daß du dir Mühe gibst! Die verlangen, daß du dich anstrengst! Gut, daß sie damals noch nicht wußte, daß das nun Jahre so gehen würde – mit der Tendenz zu immer mehr Streß. Sie ist damit fertig geworden wie viele andere auch, und als es an der Zeit war, sich von der Schule zu verabschieden, tat sie das mit gemischten Gefühlen – wie viele andere auch. Nach dem erleichterten Aufatmen: Endlich! – stellte sich eben doch die Frage: Und was jetzt? Was anfangen mit der neuen Freiheit? Und ist es überhaupt eine?

Mit vierundzwanzig hat Katrin sich über das Thema Gedanken gemacht – so lange ist es ja noch nicht her, daß sie sich von der Schulzeit verabschiedete. Trotzdem erscheint es ihr heute schon fast wie eine kleine Ewigkeit: »Unglaublich. Mein letzter Schultag liegt jetzt schon fast ein halbes Jahrzehnt hinter mir. Ich kann mich nicht mal mehr erinnern, was ich damals anhatte. Obwohl ich gern zur Schule gegangen bin, habe ich dieser Institution in den letzten Jahren nie besonders nachgetrauert. Ja, es ist sogar erstaunlich, wie wenig ich überhaupt an sie gedacht habe.«

»...and I'm never going back to my old school« singt Steely Dan. Ich habe meiner alten Schule bisher auch erst zweimal wieder einen Besuch abgestattet. Beide Male war es sehr ernüchternd. Das letzte Mal war ich zu einem sogenannten »Ehemaligentreffen« dort. Es fand an einem Sonntag statt, an dem natürlich der normale Schulbetrieb ruhte. Ich lief über den Schulhof, begleitet nur vom typischen Hamburger Nieselregen, und fühlte mich ein wenig wie im Museum. Hier wurde ein Stück meiner Vergangenheit ausgestellt, ein Stück eingefrorene Zeit. Ich erkannte es wieder, aber es war tot. Das war vielleicht kein Wunder, denn es war ja auch Sonntag. Hätte ich die Schule während einer ganz normalen großen Pause besucht, ich hätte mich wahrscheinlich eher wie in einen alten Film zurückkatapultiert gefühlt. Einen Film, in dem ich früher mal zu den Hauptakteuren zählte, wo mich jetzt aber keiner mehr kennt. Vielleicht so wie Ingrid Bergman, die unvermittelt in die Dreharbeiten zu einem »Casablanca«-Remake hineinplatzt und erstaunt feststellt, daß keiner von der alten Besetzung mehr dabei ist. (Wobei ich allerdings bezweifle, daß Ingrid Bergman niemand mehr kennen würde!)

Was mich am meisten erschreckte, war die Tatsache, daß alles noch genauso aussah wie immer. Klar, hier und da gab es kleine Veränderungen – neue Graffitis an den Wänden, die spindeldürren Schulhofbäumchen waren etwas länger, wenn auch nicht kräftiger geworden, und der Oberstufenraum war noch etwas schmuddeliger, als ich ihn in Erinnerung hatte. Aber die zweistöckigen Siebziger-Jahre-Betonkästen mit den grellgelb gestrichenen Fensterrahmen hatten noch dieselbe Ausstrahlung auf mich wie damals, als ich hier fast täglich mehrere Stunden verbrachte. Das Schul-Gefühl stellte sich wieder ein: Ich hatte plötzlich den elektronischen Klang des Pausengongs im Ohr, roch

die in Zigarettenqualm erstickende Luft des Oberstufenraums, schmeckte die von den »Pausenmüttern« mehr oder weniger liebevoll geschmierten, immer leicht pappigen Käsebrötchen, die man für fünfzig Pfennig im sogenannten »Laden« kaufen konnte, und sah vor meinem geistigen Auge Heerscharen von in zerfledderte Plastikfolie eingeschlagenen Schulbüchern vorüberziehen.
Da waren sie also, die Erinnerungen. Ich hatte zwar kaum mehr an meine Schulzeit gedacht in den letzten Jahren, aber vergessen hatte ich sie auch nicht. Es war ja doch eine ganze Menge Leben, das sie ausgefüllt hat. »Was, bitteschön, soll ich denn jetzt aus meinem Leben machen?« hatte ich vor ziemlich genau fünf Jahren in mein Tagebuch geschrieben, als es ernst wurde mit dem Abitur, »einen Papierhut vielleicht? Manchmal möchte ich mir mein Leben wie einen Papierhut auf den Kopf setzen, damit die Leute mal was zu lachen haben – seht, da kommt der Reifeprüfling!«
Ich weiß noch, ich fand es damals ziemlich absurd, nach dreizehn Jahren Schule nun mein Wissen von drei Semestern abgefragt zu bekommen, bepunktet und benotet und schließlich für »reif« befunden zu werden, weil ich zur Zufriedenheit der Lehrer Auskunft über die Eigenarten der Fruchtfliege ›Drosophila melanogaster‹ und des Schriftstellers Ödön von Horvath geben konnte (ich wurde in Deutsch und Biologie geprüft). Ich selbst fühlte mich nicht besonders reif, und wenn ich auch andererseits nicht mehr ganz so grün hinter den Ohren war, dann hatte ich das, so dachte ich damals, sicherlich nicht der Schule zu verdanken.
Trotzdem, sie hat mich geprägt. Jahrelang waren meine Tage eingeteilt gewesen in Fünfundvierzig-Minuten-Rhythmen, unterbrochen von ›großen‹ und ›kleinen‹ Pau-

sen. Die kleinen Pausen dauerten genau eine Zigarettenlänge, und die großen Pausen eigneten sich – zumindest, als ich noch nicht in der Oberstufe war, wo man über solchen Kinderkram hinaus zu sein meinte – wunderbar dazu, drei- bis zehnmal den Schulhof zu umrunden, je nach bevorzugtem Tempo. Ein seltsames Phänomen: Horden von Teenagern ziehen in den großen Pausen ihre Kreise um das Schulgebäude, zu zweit, zu dritt, in Grüppchen, niemals allein. Es hatte, rückblickend betrachtet, ein bißchen was von Hamstern im Laufrad. Es war ein Ritual der Mittelstufler, die ›Kleinen‹ aus der fünften und sechsten Klasse verbrachten ihre großen Pausen lieber mit pubertären Spielen wie ›Mädchen die Jungs‹ (eine amazonenhaft abgewandelte Art des Kriegenspielens) oder, für die zahmeren Kinder, Gummitwist und Fußball. Und die ›Großen‹ aus der Oberstufe standen cool beisammen, rauchten und redeten laut und sehr bedeutungsvoll über irgendwelchen Unsinn. Tatsächlich, nur die Mittelstufler umkreisten das Schulgebäude wie kleine Monde, die, von einem großen, behäbigen Planeten angezogen, auf ihrer festgelegten Laufbahn dahintorkeln. Ich will es den Schulpsychologen überlassen, diesem Geheimnis auf den Grund zu gehen. Übrigens: Vielleicht werden Menschen bloß deshalb Schulpsychologen – oder Lehrer – weil sie sich im Grunde ihres Herzens nie ganz von der Schule trennen konnten.
Ich allerdings wußte schon sehr früh, daß ich nicht Lehrerin werden wollte, und ich studiere zwar inzwischen Psychologie, habe aber nicht den Schwerpunkt ›Lehren und Lernen‹ gewählt – was man natürlich auch einfach als Vermeidungsverhalten deuten könnte. Nein, ich wollte nicht zurück in die Schule, ich fand es in Ordnung, daß dieses Kapitel zu Ende ging, ich war neugierig auf das, was danach kommen würde, das ›richtige‹ Leben, was ja angeb-

lich erst nach der Schulzeit beginnt. Aber was, zum Teufel, hatte ich denn vorher gemacht, wenn nicht gelebt – und wer, bitte schön, sollte entscheiden, ob es ›richtig‹ gewesen war, wenn nicht ich selbst? Solche philosophischen Fragen stellte ich mir während meiner Vorbereitungszeit aufs Abitur – und das sicher nicht nur deshalb, weil ich Philosophie als mündliches Prüfungsfach gewählt hatte.

›Zur Schule gehen ist, als ob man ein Gummiband spannt – es dehnt und dehnt sich, und dann plötzlich macht es *zing!* und ist weg‹, schrieb ich in mein Tagebuch. Je näher der Abschied von der Schule rückte, desto stärker stellte sich eine seltsame Verklärung dieser Institution und ihrer Menschen bei mir ein. Die meiste Zeit über hatte ich die Mehrzahl meiner MitschülerInnen für ziemlich uninteressant, wenn nicht sogar für etwas bescheuert gehalten. In den letzten vier Wochen vor dem Abitur lief ich auf einmal wie von Scheuklappen befreit durch die Gegend und entdeckte auf Schritt und Tritt nette Leute. Aber es ging nicht nur mir so – überall lösten sich die alten Clan-Strukturen zusehends auf, und wenn vielleicht auch nicht alle Menschen Brüder (und Schwestern) wurden, so wurden sie doch zumindest vorübergehend Verbündete. Der Popper lieh dem Punk sein Mofa, die Öko-Frau bot der Schicki-Schnitte eine ihrer selbstgedrehten Zigaretten an. Jahrelang hatte man sich mehr gegen- als miteinander durch die Widrigkeiten des Schülerlebens gewurschtelt. Nun, da sich der Tag X unaufhaltsam näherte, der Tag, an dem man in die langersehnte, vielversprechende – und, ehrlich gesagt, auch ganz schön bedrohliche – Freiheit entlassen würde, rückte man doch ein bißchen enger zusammen. Klar, die Schule war Scheiße – aber andererseits war sie auf eine verquere Weise auch so was wie ein zweites Zuhause geworden.

Im nachhinein ist die Schule für mich eine Art erweiterter Kindergarten, ein in sich abgeschlossener, geschützter Ort, ein Mini-Kosmos. Oder einfach eine Werkbühne, auf der eine bunt zusammengewürfelte Laienspielgruppe für ihren ersten Auftritt vor einem großen, unbekannten, garantiert hyperkritischen Publikum probt. (In gewisser Weise ist die Universität für mich etwas Ähnliches – studieren wir vielleicht deshalb so lange, weil wir zunehmend Angst vor der großen weiten Welt ›da draußen‹ haben?)
Die Verklärung erreichte jedenfalls ihren Höhepunkt, wie zu erwarten, am letzten Schultag. In der Nacht davor fand die traditionelle Party auf dem Schulhof statt, die die endgültig unterrichtsfreie Zeit einläutete – jetzt würden wir das Schulgelände nur noch zu den mündlichen Prüfungen betreten, das war's. Und natürlich zur offiziellen Abifeier, auf der dann (hoffentlich) jeder das kostbare Reifezeugnis in die Hand gedrückt bekommen würde.
Es ist schon beeindruckend: In der Nacht vor dem letzten Schultag schwappt die große, rosige ›Irgendwie-sind-wir-ja-alle-toll‹-Welle mit mythischer Macht über den Schulhof, unterstützt von vielen Litern Bier und Sekt. Man wird Zeuge hemmungsloser Verbrüderungsorgien (die allerdings meist am nächsten Tag schon vergessen sind). Alle geben sich betont ausgelassen und fröhlich – das klassische ›Pfeifend-durch-den-Wald‹-Syndrom. Und selbst den Coolsten merkt man trotz ihrer extraschwarzen Sonnenbrillen an, daß sie ein bißchen Angst haben: vor dem, was kommt. Und vor dem, was aufhört. Alle sind irgendwie anders, oder bildet man sich das bloß ein? Man schüttet jemandem sein Herz aus, dessen Namen man vor einigen Monaten nicht mal kannte, und wird von bierseliger Wehmut erfaßt: Mein Gott, diese wunderbare Person ist jahrelang mit mir zur Schule gegangen, und ich habe sie keines

Blickes gewürdigt! Panisch werden Adressen und Telefonnummern ausgetauscht, um Versäumtes nachzuholen. ›Wir müssen bald telefonieren!‹ ›Ja, klar, ich ruf' dich an!‹ ›Laß uns mal...‹ ›Wollen wir nicht...‹ Ein knappes Jahr später trifft man diese wunderbare Person in der U-Bahn und grübelt erfolglos über ihren Namen nach. Aber natürlich gibt es auch Gegenbeispiele: Ich selbst habe tatsächlich am letzten Schultag meinen Liebsten ›kennengelernt‹, mit dem ich seit nunmehr vier Jahren zusammenlebe...
Abschied von der Schule, das heißt auch Abschied von einem alten Ich: der Schülerin, die ich einmal war. ›Schülerin sein‹, das war ein Teil meiner Identität, eine Rolle, die ich viele Jahre lang gespielt habe – mal mit mehr, mal mit weniger Erfolg. Jetzt ist es Zeit für mich, einen neuen Part zu spielen, einen, den ich mir – zumindest teilweise – selbst aussuchen kann. Hilfe, das klingt ja nach Verantwortung! Und genauso ist es auch: mit dem Abschied von der Schule geht mir wieder ein Stückchen Kindheit durch die Lappen, spätestens jetzt muß ich anfangen, mein Leben selbst in die Hand zu nehmen. Das hört sich zwar toll an, ist aber auch verdammt anstrengend. Entscheidungen müssen getroffen werden: Lehre? Studium? Weltreise? Taxifahren? Bleibe ich bei den Eltern wohnen, oder kann ich mir eine eigene Wohnung leisten? Mehr und mehr wird man mit den schrecklich bürokratischen Alltäglichkeiten des Erwachsenenlebens konfrontiert: Welche Versicherung ist die beste? Wie mache ich einen Lohnsteuerjahresausgleich? Was sage ich in einem Vorstellungsgespräch? Soll ich einen Bausparvertrag abschließen? Womöglich schon in eine Rentenversicherung investieren?
Wer noch zu Hause wohnt, der erspart sich jetzt fürs erste so nervenaufreibende Fragen wie: Wo finde ich am Sonntag einen Klempner, der den Wasserrohrbruch in Ord-

nung bringt? Wie gewinne ich die kriegerische Auseinandersetzung um die Treppenhausreinigung? Wie schaffe ich es, den Kühlschrank mit mehr als einer angebrochenen Dose Katzenfutter, zwei Flaschen Bier und einem Glas Senf zu füllen? Wie kommt wieder saubere Unterwäsche in die Schublade? Und so weiter.

Wer im Elternhaus bleibt, kann noch ein Eckchen Kindheit mehr aus der Schulzeit hinüberretten, muß ein bißchen weniger Verantwortung für sich selbst übernehmen. Das hat gewiß seinen Reiz, kann aber auch nerven. Ich habe mich zu Hause sehr wohl gefühlt, war aber trotzdem froh, bald nach der Schule mit meinem Freund in eine eigene Wohnung zu ziehen. Ich wollte mich abnabeln, etwas Neues, Eigenes mit meinem Leben anfangen – und ich hatte das Glück, daß mir die Möglichkeiten dazu offenstanden.

Aber Möglichkeiten haben und sie auch nutzen sind zwei Paar Schuhe, und letzteres durchaus eins der unbequemeren Sorte. Nachdem mir meine altbekannte Identität ›Schülerin‹ flötengegangen war, stellte ich fest, daß es gar nicht so einfach war, mir eine neue aufzubauen. Sicher, ich hatte schon was gelernt in der Schule – Wissenswertes über Fruchtfliegen und Schriftsteller, Exponentialfunktionen und Nukleinsäuren, ich hatte gelernt, Unwissenheit mit klangvollem Blabla zu kaschieren, mir überzeugende Entschuldigungen auszudenken, und natürlich auch, mich in der Schlange am Brötchenstand vorzudrängeln. Ich hatte also eine gewisse ›soziale Kompetenz‹ entwikkelt, wie es im Soziologenjargon heißt. Und glücklicherweise hatte ich in diesen dreizehn Schuljahren auch ein Leben außerhalb der Schule geführt und so die eine oder andere Erfahrung gemacht, die es mir jetzt ermöglichte, dem Abenteuer des ›richtigen Lebens‹ nicht völlig hilflos

zu begegnen. Leicht war es trotzdem nicht. Aber spannend.
›Es ist zu traurig, daß immer alles anders kommt, als man denkt‹, schrieb ich darum auch zu jener Zeit in mein Tagebuch, ›aber andererseits ist das auch der einzige Grund, am Leben zu bleiben.‹
Na ja, das alles liegt nun schon fast ein halbes Jahrzehnt hinter mir, und ich weine der Schule keine Träne nach. Wir haben uns sozusagen in beiderseitigem Einvernehmen getrennt. Ohne großes Drama. Kein Blick zurück im Zorn – und keiner durch eine rosarote Brille. Alles ganz sachlich. Ich bin froh, daß ich jetzt erwachsen und selbständig bin. Ein bißchen jedenfalls. Manchmal denke ich schon gern an die alten Zeiten. An die herrlichen frischen Käsebrötchen der fürsorglichen Pausenmütter. An die besondere Atmosphäre im Oberstufenraum. An die fröhliche Melodie des Pausengongs. Und natürlich an die jungen, grünen Bäume auf dem Schulhof. Aber selbstverständlich ohne jede Verklärung. Ganz sachlich eben. ›...be true to your school...‹ singen die Beach Boys.«
Eigentlich ist Katrins Resümee nichts hinzuzufügen. Gemischte Gefühle – wer hätte die nicht gehabt am Ende der Schulzeit? Und darin wieder ähneln sich der erste und der letzte Schultag: ein bißchen bibbert man, ein bißchen freut man sich, vor allem aber ist man wahnsinnig neugierig auf das, was einen nun erwartet.
Damit hört die Ähnlichkeit allerdings auf. Es gibt kein kleines Schulmädchen mehr mit blanken Augen und Blässe um die Nase. Keinen kleinen Schuljungen, der vor lauter Aufregung noch mal und noch mal aufs Klo muß. Sie sind erwachsen. Endgültig. Der Ernst des Lebens hat sie eingeholt. Eigentlich ein Jammer. Aber ist wirklich nichts mehr da von dem Kind, das wir einmal waren? Der Mystiker

Osho sieht das ganz anders: »Du bist immer noch das Kind, das am Strand mit den Wellen und dem Sand spielt. Du bist noch das Kind, das nach Muscheln sucht. Du bist noch das Kind, das wildwachsende Blumen pflückt. Du bist noch das Kind, das versucht, einen Schmetterling zu fangen. Diese Reinheit des Kindes ist noch da; sie ist dir nicht genommen worden – sie wurde nur vom Ernst überlagert, vom Ego, von deinen Vorstellungen. Sie ist noch da...«

Abschied nehmen...

...vom Auto

Da schleicht sie dahin, die Blechlawine. Verpestet die Luft, zerstört die Landschaft, fordert in Stadt und Land ihre Opfer. Keiner, der sich nicht darüber aufregt. Sogar die Autofahrer. Doch bei den meisten bleibt es dabei. Konsequenzen werden nicht gezogen. Daß einer seinem Auto den Abschied gibt, weil er die Wahrheit des Satzes »Sie sind nicht im Stau – der Stau sind Sie« erkannt hat, kommt kaum vor. Alles, was das Auto gefährlich macht, ist die Schuld der anderen. Die anderen fahren zu schnell, zu rücksichtslos, zu aggressiv, die anderen sind es, die ihr Auto für unnötige Fahrten benutzen, die Innenstädte verstopfen, die Radwege blockieren. Wir gehören selbstverständlich nicht dazu. Wir setzen uns nicht alkoholisiert ans Steuer, parken nicht auf Radwegen, überschreiten keine Geschwindigkeitsbegrenzung, lassen das Auto zu Hause, wenn wir ebensogut Bahn oder Bus nehmen könnten. Wir sind die Musterknaben und -mädchen, eigentlich ist es uns schleierhaft, woher die schlimmen anderen kommen. Genau genommen kennen wir auch niemanden, den man als Verkehrsrowdy bezeichnen könnte. Solche Narren, die bei Nebel mit Tempo hundertachtzig über die Autobahn brettern. Oder mit sechzig durch die Dreißig-Kilometer-Wohnzone.

Aber irgendwoher müssen sie ja schließlich kommen, diese anderen. Wahrscheinlich aus den neuen Bundesländern, woher sollen diese Leute denn wissen, wie man mit einem schnellen Auto umgeht? Oder es handelt sich um Türken, Polen, Ausländer jedenfalls. Die sind ja erst zufrieden, wenn die ganze Familie in ihrer Rostlaube verstaut ist und dazu noch ein Kühlschrank und sieben Koffer.

O ja, es gibt viele Möglichkeiten, sich in Sachen Auto herauszureden. Nur kommt niemand all dieser ordentlichen, anständigen, verantwortungsbewußten Autofahrer um die Tatsache herum, daß auch *er* der Stau ist, der sich morgens und abends von Punkt A zu Punkt B quält. Daß es auch ihm zu verdanken ist, wenn eine neue Umgehungsstraße eine Landschaft zerschneidet und Parkplätze statt Kinderspielplätze gebaut werden. 3,42 Millionen PKWs wurden 1991 neu in der Bundesrepublik zugelassen. Auch wenn wir optimistisch annehmen, daß ihre Besitzer mit Samtpfötchen fahren: *fahren* werden sie. Sie sind neue Kettenglieder des blechernen Lindwurms, der durchs Land hechelt.

Das Makabre an der ganzen Geschichte ist, daß so ein Auto, für sich genommen, durchaus sympathisch sein kann. Und seiner Besitzerin *ist* es sympathisch! Sie hätschelt es und pflegt es, sie klebt ihm ein Namensschildchen mit »Putzi« oder »Wuschel« ans Heck oder verziert es mit einem dieser geschmacklosen Farbflecken, die neuerdings in Mode gekommen sind. Wenn es fein geputzt und chromglänzend vorm Haus steht – selbstverständlich *nicht* auf dem Radfahrweg –, sieht es sehr manierlich und geradezu harmlos aus. Eine eher gemütliche Familienkutsche – der Kindersitz im Fond zeigt es. Doch was lese ich da in »Motor & Reisen«, dem AvD-Magazin? Der neue Trend geht hin zu noch größeren, stärkeren, schnelleren (und natürlich entsprechend teureren) Autos. Gerade die Fahrzeuge der Mittelklasse, die soliden, familienfreundlichen, holen auf. Natürlich, so wird gesagt, werden diese Karossen auch sicherer. Fein, da hat die Familie beim nächsten Massencrash auf der Autobahn ja vielleicht sogar noch bei Tempo

zweihundert eine Überlebenschance. Solchen Wahnsinn machen *wir* doch nicht mit, höre ich sofort, schon gar nicht, wenn die Kinder mitfahren. Gibt es irgend jemanden, der das nicht beteuert? Woher, frage ich mich, kommen dann nur die vielen Toten bei den Karambolagen?
Nein, leider, »Mopsi«, »Wuschi« und »Bärchen« sind nicht so harmlos, wie sie aussehen. Waren es in Wirklichkeit nie, auch nicht zu den guten alten Zeiten, in denen man die Straßen tatsächlich noch halbwegs ungefährdet zum Gehen und Fahren benutzen konnte. Sicher, auch mit einer Pferdekutsche kann man verunglücken. Aber das Auto war und ist für viele eine Herausforderung zur Selbstüberschätzung. Es ist ja so leicht, diese Pferdestärken in Gang zu bringen – jedes Kind kann das, die jugendlichen Autodiebe beweisen es täglich. Das Auto gehorcht seinem Besitzer in Sekundenschnelle, und der Geschwindigkeitsrausch weckt in ihm ein Machtgefühl, das tödlich sein kann. Was geht in den Menschen vor, die mit zweihundertzwanzig Stundenkilometern über die Autobahn brausen und lichthupend alles zur Seite scheuchen, was ihnen den Weg nicht sofort freigibt? Sie fühlen sich auf beinahe mystische Weise mit ihrem Auto identisch, mit diesem Auto, das nun kein gemütlicher »Purzel« oder »Wuppi« mehr ist, sondern eine mörderische Waffe.
Falls es nun so aussieht, als sei ich eine notorische Autohasserin: ich bin keine. Im Gegenteil, ich zähle mich auch zu den Autofahrerinnen, die da glauben, sich nichts Ernstliches vorwerfen zu müssen. Und mein Auto ist schließlich klein, und für Stadtfahrten benutze ich es höchstens mal am Sonntag. Leider ändert das nichts daran, daß ich es eben *benutze* und damit genau wie andere die Umwelt belaste, auch wenn ich wahrscheinlich nicht zu den Stau-Verursachern gehöre. Ich finde, das sind Fakten, die auch wir

fahrenden Mustermädchen und Musterknaben nicht einfach ignorieren können. Wir mögen allesamt gute Gründe dafür haben, daß wir Auto fahren, aber wir sollten nicht so tun, als ob unser Auto – Katalysator hin, bleifreies Benzin her – mit dem Umweltschlamassel nichts zu tun hätte.
Ja, aber. Ich kann es nicht leugnen, daß es Autos in meinem Leben gegeben hat, an die ich mich wie an einen alten Freund erinnere. Autos, mit denen sich die Erinnerung an bestimmte Lebensphasen verbindet, an bestimmte Menschen, ja an besonders glückliche Zeiten. Nach der Hochzeitsreise durch Frankreich – 1958 mit einem DKW – kaufte ich mein erstes eigenes Auto, einen 2 CV, den berühmten »Döschwo«, das häßliche Entlein, damals noch eine vorwiegend graue Wellblechkiste. In der deutschen Betriebsanleitung las ich: »Versagt auch bei falscher Handhabung nie.« Das gefiel mir. Wir nannten den Döschwo »Wanze« und liebten ihn. Er versagte allerdings doch gelegentlich, die Lichtmaschine gab hin und wieder ihren Geist auf, die Heizung funktionierte nie, aber dafür ließ sich das Verdeck zurückrollen, und man konnte den Motor mit einer Kurbel anwerfen, wenn er bockte. Ich blieb dieser Sorte Auto jahrelang treu, so lange, bis der Döschwo begann, sich aufzumotzen, seine Originalität verlor und vor allem erheblich teurer wurde. Aber es tat mir richtig weh, als ich mich von dem letzten Exemplar verabschiedete. Außerdem machte ich mit dem nächsten Kleinwagen sehr schlechte Erfahrungen, vielleicht spürte er, daß ich meinen Döschwos noch immer nachtrauerte. Der kleine Franzose, den ich dann ausprobierte, enttäuschte mich nicht, obwohl er an den 2 CV in keiner Weise heranreichte. Aber ich bin der Sorte treu geblieben.
Namensschildchen und neckische Aufkleber für Autos habe ich nie gemocht und nie benutzt. Aber ich habe, zuge-

geben, schon eine persönliche Beziehung zu meinem Auto. Ich begrüße es und klopfe ihm aufs Hinterteil, wenn ich es abends in die Garage stelle. Ich rede ihm gut zu, wenn es mich mit den letzten Tropfen Benzin zur nächsten Tankstelle (wo ist die nur?) bringen soll, und ich pöble es an, wenn es Startschwierigkeiten macht. Ich habe mich bei ihm entschuldigt, als ihm dank meiner Nachlässigkeit ein Seitenfenster eingeschlagen wurde (ich hatte meine Handtasche auf dem Fahrersitz liegenlassen). Im vergangenen Jahr fuhr es mich Hunderte von Kilometern bis an die äußerste Spitze von Dänemark – den ganzen Hinweg mit Dauer-Bremslicht, weil die Werkstatt geschlampt hatte. Erst am Zielort konnte es repariert werden und stand dann vier Wochen klein und tapfer auf dem Naturgrundstück meines Ferienhäuschens direkt vor meinem Fenster. Die Rückreise verlief ohne alle Kapriolen, und ich glaube, ich habe ihm damals versprochen, daß ich es zur Belohnung von nun an so hegen und pflegen würde, wie das andere Leute mit ihren Autos tun. Gemeinerweise habe ich diesen Schwur nicht gehalten. Ich muß zugeben, daß ich immer nur das Notwendigste tue, und selbst das eher unwillig. Wenn ich Leute mit Handstaubsaugern in ihrem Auto herumfuhrwerken sehe, schäme ich mich. Der Teppichboden meines Autos hat immer etwas Knirschiges, und im Kofferraum poltert das Zubehör herum, das ich für meine, wie ich es nenne, Friedhofsgärtnerei brauche: Gießkanne, Gartenschere, Schäufelchen und Harke. Gelegentlich räume ich schuldbewußt auf und versuche, alles in Plastiktüten zu ordnen, aber aus mir nicht erklärlichen Gründen machen sich die Sachen bald wieder selbständig, und Verbandskasten, Warndreieck und Abschleppseil vereinigen sich mit der Friedhofsgärtnerei zu einem bizarren Stilleben. Nein, man kann nicht behaupten, daß ich mein Auto verwöhne.

Dennoch, gemessen am Inneren des uralten VW-Golfs, den meine Tochter aus zweiter Hand erstanden hat, wirkt es geradezu pedantisch gepflegt. Wer in Katrins Auto den Rücksitz benutzen will, muß erst mehrere Kartons, vorwiegend mit Altpapier und leeren Flaschen, beiseite schieben, am Boden rascheln Plastiktüten und Zeitungen, dazwischen scheppern auch schon mal ein paar leere Coladosen. Der Beifahrer kann sich an einem überquellenden Aschenbecher und leeren Zigarettenschachteln auf dem Boden erfreuen. Immer, wenn ich in dieses Auto steige (und das geschieht relativ oft), sagt meine Tochter zu ihrem Freund: »Wann bringst du endlich mal die Flaschen und das Altpapier weg?« Und ihr Freund sagt: »Ich dachte, das wolltest du machen.« Ich trage dann mein Scherflein zu der Diskussion bei, indem ich darauf hinweise, daß auch der Aschenbecher und der Fußboden gelegentlich entsorgt werden müßten, eine Anregung, die Zustimmung findet. Beim nächsten Mal ist alles noch wie gehabt. Das Gespräch wiederholt sich; mir würde etwas fehlen, wenn es nicht mehr stattfände. Aber auch meine Tochter und ihr Freund haben eine herzliche Beziehung zu ihrem Auto – der technisch versierte Andreas sorgt sehr umsichtig für die Motorpflege und alles, was dazugehört. Und genau wie ich hält Katrin es für richtig, mit dem Auto zu sprechen, so, als sei es eine Blattpflanze oder ein treues Haustier. Sein Schmuddelkind-Äußeres kann nicht darüber hinwegtäuschen, daß es Leuten gehört, die um sein Wohlergehen besorgt sind. Kleinlich, wer da an leeren Zigarettenschachteln und Coladosen Anstoß nimmt. Ich tue es jedenfalls nicht (mehr), und ich hoffe, auch der nette Garagenwart im vornehmsten Hamburger Hotel hat das nicht getan, als wir das Restaurant des Hauses besuchten und den Golf in der Hotelgarage abstellten – zwischen

Bentleys, Jaguaren, Mercedessen und, tatsächlich, neben einem Rolls-Royce. Der Garagenwart rangierte den Golf für uns irgendwo ein und später aus und ließ sich selbstverständlich nicht anmerken, was er über Gäste dachte, die im Innern ihres Autos eine kleine Mülldeponie beherbergten. Aber es ist durchaus möglich, daß er uns nicht für eine verirrte Pennerfamilie, sondern nur für extravagant und originell hielt.

Wenn der Golf eines Tages reif für die Verabschiedung ist, soll, so meine Tochter, kein Auto mehr angeschafft werden.

Vorläufig jedoch gehört der Golf zur Familie. Auch mit ihm verbinden sich für seine Besitzerin Erinnerungen. Das erste Auto gleich nach dem Führerschein! Die große Panik, als sie auf einem kreuz und quer vollgestellten Parkplatz beim Zurücksetzen gegen eine Holzschranke fuhr! Das Erfolgserlebnis, als sie ihre erste große Alleinfahrt in die Ferien geschafft hatte! Ich bin sicher, wenn es soweit ist, wird es einen ziemlich sentimentalen Abschied geben.

Daß sich manche Leute den Abschied von ihrem alten Auto auf kriminelle Weise leichtmachen, ist auch ein Zeichen unserer Zeit. Da steht so ein armes Fast-schon-Wrack am Straßenrand und rostet vor sich hin, wird allmählich ausgeweidet und irgendwann, nach hartnäckigen Beschwerden von Anwohnern, abgeschleppt. Besitzer unbekannt, die Wegwerfgesellschaft hat wieder einmal ein Exempel statuiert. Sicher wurde auch solchem Auto mal ein zärtlich klingender Kosename verpaßt. Jetzt wird »Goldie« ausgesetzt, je billiger die Entsorgung, desto besser. Der einstige Besitzer ist längst in einer nagelneuen Blechkiste – immer schneller, immer schicker – über alle Berge. Eines Tages wird dann auch dieses Auto auf dem

Autoschlachthof landen, ein zusammengepreßter Haufen Blech, vollkommen namenlos.

Abschied vom Auto – ganz generell, aus Gründen der Vernunft, der höheren Einsicht, der Verantwortung gegenüber unserer schwer angeschlagenen Umwelt? Es gibt eine Menge durchaus ernst zu nehmender Menschen, die das fordern. Aber es gibt immer noch die glitzernden Automobil-Ausstellungen in aller Welt, die berühmt-berüchtigten »Auto-Salons«, in Detroit und Brüssel, in Genf und Birmingham, und neuerdings sogar in Leipzig. Ja, ja, immer auch werden bei solchen Gelegenheiten die umweltfreundlichen Autos vorgestellt, die spätestens im Jahr zweitausend für alle fortschrittlichen Mobilistinnen erschwinglich sein sollen... Erschwinglich vielleicht, wenn sie denn wirklich kommen sollten, doch wer will sie haben? Sicher nicht die Leute, die schon zetermordio schreien, wenn mal wieder von einer Geschwindigkeitsbegrenzung auf den Autobahnen die Rede ist. Und: Auch das umweltfreundlichste Auto braucht schließlich Platz. Es macht die Luft in unseren Straßen vielleicht erträglicher, aber die Straßen nicht leerer.

Ich fürchte, der allgemeine freiwillige Abschied vom Auto wird eine Utopie bleiben. Wir werden uns auf Kompromisse einlassen müssen, wie auch sonst. Schließlich wollen wir mobil bleiben, selbst wenn das nur noch im Schneckentempo möglich ist. Und es ist ja auch nicht zu leugnen, daß uns das eigene Auto eine gewisse Unabhängigkeit und Selbständigkeit verschafft. Dies ist der Hauptgrund, warum sich hochbetagte Autofahrerinnen nur so schwer von ihrem Führerschein trennen. Der Abschied vom Auto bedeutet für sie wieder ein Stück Identitätsverlust. Ich gebe zu, daß es mich gruselt, wenn ich von über Achtzigjährigen höre, die immer noch am Steuer sitzen. Aber irgendwie verstehen kann ich sie.

Abschied nehmen...

...mit vielen schönen
Worten

Es ist soweit. Wir müssen uns verabschieden. Der Kaffeeklatsch bei Tante Erna und Onkel Hermann ist zu Ende. Oder der nette Abend mit Freunden bei Gisela und Rolf. Das Mittagessen bei Hannemanns. Die Geburtstagsparty bei Margrit. Kein Abschiednehmen von Bedeutung. Und trotzdem...

»Gute Nacht, Freunde, es wird Zeit für mich zu gehn«, mit diesen Worten leitet Reinhard Mey in einem Chanson den Abschied nach einem wahrscheinlich angenehmen Abend ein. Obwohl seine kurze Mitteilung durchaus genügen würde, kommt er noch lange nicht zum Schluß. Der Gute-Nacht-Wunsch und die Feststellung, es sei Zeit zu gehen, sind nur als Einleitung zu verstehen. Es folgen allerlei Betrachtungen und Erklärungen, die sicher gut gemeint sind, übermüdete Gastgeber aber unnötig vom Schlaf abhalten. Man kann den Chansonnier Reinhard Mey mögen oder nicht – mangelndes Realitätsgefühl läßt sich ihm nicht vorwerfen, jedenfalls nicht bei diesem Chanson. Den meisten Menschen ist es tatsächlich so gut wie unmöglich, sich *kurz* zu verabschieden. *Kurz* bedeutet ja nicht gleich unfreundlich oder unhöflich. Man kann durchaus liebevoll und zärtlich »Gute Nacht, es war schön« oder etwas in der Art sagen, kann es sagen und dann tatsächlich verschwinden. Doch wer bringt das fertig? Und *wenn* es eine fertiggebracht hat, wird sie am nächsten Tag bestimmt am Telefon gefragt: »Du bist ja gestern abend so schnell verschwunden. War was?« Nein, nichts, außer daß sie müde war und nach Hause wollte. Hatte sie sich nicht gebührend bei ihren Gastgebern bedankt? Hatte sie etwas Falsches gesagt?

Nein, das war alles soweit in Ordnung, bis auf die Tatsache, daß sie nach dem Abschied »so schnell verschwunden« war.

Es ist etwas Geheimnisvolles um die Verabschiedung an der Haustür. Ich meine nicht die Abschiede von Liebespaaren, diese Sorte Abschied lasse ich außen vor. Mir geht es um die stinknormalen Verabschiedungen zwischen stinknormalen Menschen beiderlei Geschlechts, die einen gemütlichen, angenehmen, geselligen Abend miteinander verbrachten. Sie hatten mehrere Stunden Zeit, Gedanken, Gefühle, Meinungen auszutauschen, und sie haben es auch reichlich getan. Aus irgendeinem unerfindlichen Grund stehen sie jetzt zwischen Tür und Angel, halb in der Diele, halb im Treppenhaus, und können sich nicht voneinander losreißen. Eine bedient den Lichtknopf, nach drei Minuten geht das Treppenlicht aus. Jemand sagt: »Bitte leise, die Nachbarn schlafen bestimmt schon.« Nun wird im Halbdunkel geflüstert, laut geflüstert. Im Treppenhaus ist es kalt, und die Gastgeber, übernächtigt, wie sie bereits sind, fangen an zu frieren – die Gäste, die sich immer noch verabschieden, haben wenigstens Mäntel an. Aber nichts kann das Ritual abkürzen. Vielleicht holt sogar noch jemand eine Flasche Wein und Gläser.

Irgendwann schließt sich dann endlich die Tür zwischen Gastgebern und Gästen. Und es ist durchaus möglich, daß die Gäste sagen: »Komisch, wie eilig sie es plötzlich hatten, uns loszuwerden. Ob sie irgendwas gegen uns haben?«

Es gibt Ausnahmen. Es gibt Leute, die sich auf kleineren Parties ganz einfach wortlos verdrücken; wenn man das oft genug praktiziert, gewöhnen sich alle daran, und niemand nimmt es mehr übel. Doch im Grunde drücken sich diese Typen nur um die Verabschiedung, die ihnen aus irgendeinem Grund lästig ist. Warum nur? Sie könnten schließlich mit einem ganz offiziellen, höflichen »Vielen Dank, es war reizend, gute Nacht allerseits« verschwinden. Aber anscheinend ist das kein guter Abgang. Anscheinend gibt es nur die Wahl zwischen dem sich endlos hinziehenden Abschiedsritual und dem, was meine Großmutter »sich auf französisch verabschieden« nannte. Zu gern wüßte ich, warum es so ist, aber niemand kann es mir sagen. Ich mutmaße: Vielleicht empfinden die Leute das Abschiednehmen ganz generell als eine eher peinliche Angelegenheit? Vielleicht haben sie Zweifel, ob sie nun zu lange oder nicht lange genug geblieben sind? In beiden Fällen, so meinen sie, ist es das beste, die Zeremonie des Abschiednehmens irgendwie zu überspielen – durch heimlichen Aufbruch oder im Stil der berühmten Echternacher Springprozession. Entschließen sie sich für letzteres, sieht das etwa so aus: Im Verlaufe eines locker geführten Gesprächs nähern sie sich allmählich der Haustür, die ja schon offensteht, durchschreiten sie schließlich, immer noch plaudernd, und entfernen sich langsam, bis sie fast außer Sicht- und Hörweite sind. Dann erst ist ein abschließendes »Tschüs« angebracht. Sie haben's geschafft. Jetzt können alle Beteiligten aufatmen und feststellen, daß es ein wirklich reizender Abend war.

So ähnlich, denke ich, muß es sein. Ein schlechtes Gewissen, woher es auch immer kommen mag, spielt dabei eine Rolle. Wer sich frei von Schuld fühlt, hat es nicht nötig, den Abschied in die Länge zu ziehen, aber wer fühlt sich schon frei von Schuld? Auch an einem noch so reizenden Abend ist gewiß irgendwann eine Meinungsverschiedenheit aufgekommen. Die kurze, wenn auch herzliche Verabschiedung würde das Gefühl in den Gastgebern verstärken, etwas sei schiefgelaufen. Also tut man, was man kann, um solchem Eindruck entgegenzuwirken. Der Rest ist bekannt.

Wenn man nicht zwischen Tür und Angel steht, sondern auf einer Straße, wird das Abschiednehmen schon überschaubarer, verkürzt sich von selbst, und außerdem hat man es ja auch nicht mit Gastgebern zu tun. »Da kommt mein Bus, tschüs« – oder »Ich muß laufen, die Bank macht gleich zu« – oder »Andi wartet am Kino, also, servus…« Das sind die normalen Alltagsabschiede, auch zwischen Freundinnen, die soeben zwei Stunden lang ernst zu nehmende Probleme gewälzt haben. Natürlich könnten sie auch mitten in der Stadt stehenbleiben und sich endlos weiter verabschieden, zum Beispiel an einer Verkehrsampel, an einer Bushaltestelle, an einem Taxistandplatz. Aber das alles ist ungemütlich, Leute wollen vorbei, Busse halten, es fängt an zu regnen. Was man sich vielleicht doch noch zu sagen gehabt hätte, bleibt ungesagt. Kann sein, daß sie einander noch kurz zuwinken. Für schöne Worte ist hier nicht der rechte Platz, allenfalls für eine kurze Umarmung und den berühmten Kuß auf jede Wange. Danach verschwinden die beiden im Gewühl. Junge Paare verabschieden sich ähnlich, nur natürlich nicht mit dem obligaten Wangenkuß.

Wenn ich mit meinen österreichischen Freundinnen telefoniere, endet jedes Gespräch mit einem »Baba«. Dieses Wort muß ganz leicht hingesprochen werden, ganz kurz und ganz beiläufig. »Baba« ist etwas sehr Wienerisches, sagt man es einer Nicht-Wienerin zum Abschied, wird sie verständnislos nachfragen: »*Was* hast du gesagt?« Ich weiß nicht, woher »Baba« kommt, aber es gefällt mir; es ist ein bißchen kindisch und ein bißchen heiter, es hat sogar etwas Tröstendes: Wir sprechen uns bald wieder, bis dahin, mach's gut – eben »Baba«! Das berühmtere »Servus« ist da anspruchsvoller, schon weil es in die Wienerlied-Literatur Eingang gefunden hat, und einer hoffnungslos Norddeutschen fällt es viel schwerer als das kleine »Baba«. Bei uns kriegt »Servus« leicht einen falschen Zungenschlag, worüber sich dann die Österreicher lustig machen, haben wir uns doch als waschechte Piefkes enttarnt. Andererseits ist »Servus« sehr schön. Wenn es die richtigen Leute sagen, kann es wie Musik klingen, paßt zu jeder Stimmung, besonders zu einer sentimentalen. Auch »Tschüs« läßt sich zwar variieren, auf den Tonfall kommt es an, und wer will, dehnt es auf zwei Silben aus: »Tschü-hüs« ist sehr beliebt und kann sich zärtlich anhören. Aber es bleibt doch eher burschikos. Wahrscheinlich gerade deshalb wird »Tschüs« von Radiosprecherinnen und Fernsehmoderatoren gern benutzt; wer seine Absage mit »Tschüs« enden läßt, beweist Lässigkeit im Umgang mit dem Publikum, da ist Kumpelhaftigkeit im Spiel, das mögen die Leute, besonders die Jüngeren. TV-Showmaster neigen bei ihren Abschiedsworten fast immer zu Hektik, weil sie die vorgesehene Zeit überzogen haben, die Verabschiedung gerät überstürzt, auf jeden Fall muß noch der Termin für die nächste Sendung untergebracht werden, dabei läuft schon der Abspann, und die Sportschau wartet. Bei politischen Themen lassen sich die Moderatoren dagegen ein mehr oder weniger salbungsvolles Schlußwort an ihre Gemeinde nicht entgehen. Da ist es mit einem hemdsärmeligen »Tschüs« nicht getan, dem Ernst der Sendung entsprechend ist der Abschied eher konservativ-höflich, auch wenn die Sendung ganz und gar nicht konservativ war. Zu manchen Abschieden gehört unbedingt ein guter Wunsch. Wer sich am Freitagabend im Betrieb von seinen Kolleginnen verabschiedet, hat allen ein »schönes Wochenende« zu wünschen und sich für das darob prompt ge-

äußerte »Ihnen auch« zu bedanken. Aber selbst an ganz simplen Wochentagen kann es nicht schaden, jeder noch einen »schönen Abend« zu wünschen – sogar der Kollegin, von der man weiß, daß sie nach ihrer Scheidung vermutlich allein und mit ihrem Schicksal hadernd zu Haus vorm Fernseher sitzen wird. Manche wünschen einem auch »Viel Spaß« oder »Viel Vergnügen«, wenn sie wissen, daß man abends ins Theater gehen will – egal, ob uns nun ein Drama oder »Charleys Tante« erwartet. Allgemein eingebürgert hat sich »'n schönen Abend noch«; das sagen auch die Zeitungsfrau, bei der ich kurz vor Ladenschluß das Abendblatt kaufe, der Fischhändler und die freundliche Frau an der Supermarkt-Kasse. Ich weiß, daß keiner von ihnen sich auch nur das geringste dabei denkt, aber trotzdem finde ich es ganz nett, Phrase hin, Phrase her. Oder wäre es besser, wenn man mich überhaupt nicht zur Kenntnis nehmen würde?
Kein Silvester, ohne daß einem irgendwer schon am frühen Vormittag »einen guten Rutsch« wünscht, ein vollkommen blödsinniger Wunsch, den ich manchmal mit »Hoffentlich nicht« kontere – aber nur manchmal, weil das doch nichts als ein verständnisloses Lächeln auslöst. Der »gute Rutsch« gehört zum Abschied am Silvestertag wie das »Mahlzeit« zur Kantine und das »Gesundheit« zum Niesen – gewisse Phrasen sind unausrottbar, jeder missionarische Versuch, sie abzuschaffen, muß scheitern.
Jede hat fürs Verabschieden ihre spezielle Phrase, sei es nun »Tschüs« (Tschü-hüs), »Servus«, »Baba«, »Mach's gut«, »Tschau« oder das förmliche »Auf Wiedersehen« (geziert: Auf Wiederschaun). Ich kenne niemanden, der »Lebwohl« sagt, die »Gute Nacht« hat sich dagegen gehalten. Wo sich ein Abschied auf »Wiedersehn« oder gar »'nacht« verkürzt, ist Maulfaulheit und/oder schlechte

Laune die Ursache. Manche Menschen können sogar »Tschüs« so aussprechen, daß es wie eine Beleidigung klingt.
Bei Telefongesprächen ist die Verabschiedung besonders heikel. Wehe, sie fällt zu kurz und barsch aus! Wobei sie gar nicht barsch gemeint sein muß, es genügt, daß sie sich so anhört. Was hatte das zu bedeuten? Was meinte unser Telefonpartner damit? Wieso läßt er nicht wenigstens – wen auch immer – grüßen? (»Schöne Grüße an...« gehören auch zum Abschiedsritual und werden niemals ausgerichtet.) Das Fatale: beim Telefonieren sieht keine die andere, das freundliche Lächeln, das dem »Tschüs« oder »Also, bis dann« vielleicht beigegeben wurde, bleibt unsichtbar und leider auch unhörbar. Entnervend, wenn der Eindruck entsteht, daß man zum Schluß kurz und lieblos abgehängt worden ist. Am liebsten möchte man sofort zurückrufen und fragen, was los ist, aber das tut man doch nur selten, höchstens in Notfällen, um eine schlaflose Nacht zu vermeiden. Besonders kritisch wird es, wenn das Telefongespräch ohnehin in leicht gereiztem Ton geführt wurde. Man sollte es sich wirklich dreimal überlegen, bevor man irgendwelche Probleme am Telefon anspricht. Jede weiß, wie Telefonstimmen klingen können, wie schrecklich es sein kann, wenn sie immer leiser und eisiger werden; schon wenn man Blickkontakt miteinander hätte, wäre die Situation unangenehm, aber nun...! Und dann kommt die Verabschiedung, und es ist nicht mal ein »Tschüs« drin, sondern nur ein tiefgefrorenes »Ich melde mich wieder«. Beide legen den Hörer auf und wissen, daß es bis zum nächsten Gespräch, ob am Telefon, ob von Angesicht zu Angesicht, sehr lange dauern wird. »Ich melde mich wieder« oder, noch förmlicher, »Du hörst von mir« ist die schlimmste Sorte von Telefonabschied, viel schlimmer

als das wortlose Aufknallen des Hörers. Wenn das passiert, wird sich die Wütende nämlich bald wieder melden und entschuldigen, daß sie so ausgerastet ist. Telefonstreit ist etwas, was wir wirklich vermeiden sollten, weil solcher Streit unmöglich zu einem versöhnlichen Ende führen kann.

Es ist soweit – wir müssen uns verabschieden: Sagte ich das nicht schon vor ein paar Seiten? Dieses Buch neigt sich seinem Ende zu. Und ich fühle mich wie zwischen Tür und Angel, während das Drei-Minuten-Licht im Treppenhaus aus- und angeht. Also, liebe Leserin, lieber Leser, machen Sie's gut. Auf bald. Auf Wiedersehen! Auf Wiederschaun! Leben Sie recht wohl. Servus, Baba! Ciao, bye-bye! Schöne Grüße auch. Und guten Rutsch! Ein schönes Wochenende und einen schönen Abend.

Na denn – tschü-hüs!